O banquete dos notáveis

Sobre leitura e crítica

CONSTANTINO BÉRTOLO

Tradução
Carolina Tarrío

*Para Juancho. E para Carlos Blanco Aguinaga,
Rafael Conte e Ignacio Echevarría*

O banquete dos notáveis: sobre leitura e crítica
© Constantino Bértolo, 2008
c/o Agencia Literaria CBQ, SL
info@agencialiterariacbq.com

© desta edição, Livros da Matriz, 2014

Título original: *La cena de los notables: sobre lectura y crítica*

Tradução: Carolina Tarrío
Preparação: Dolores Prades
Revisão: Luiz Cayo Neves

Capa, projeto gráfico e diagramação:
Carla Castilho e Lia Assumpção | janela estúdio

Coleção Emília
Coordenação Editorial: Dolores Prades

Dados Internacionais de Catalogação na Publicação na (CIP)

B46 Bértolo, Constantino
O banquete dos notáveis: sobre leitura e crítica / Constantino
Bértolo; tradução Carolina Tarrío. 1. ed. — São Paulo:
Livros da Matriz, 2014.
240 p.

Título original : La cena de los notables: sobre lectura y crítica
ISBN 978-85-66344-30-1

1. Crítica literária. I. Tarrío, Carolina. I. Título.

CDD: 809
CDU: 829

Primeira edição, 2014

Livros da Matriz Editora e Produções Editoriais Ltda.
Rua Theodor Herzl, 182
05014-020 — São Paulo — SP
(11) 3873-3545
livrosdamatriz@uol.com.br

SUMÁRIO

INTRODUÇÃO 11

A DOENÇA DE LER 17

A OPERAÇÃO DE LER 47

O DEUS LEITOR E OUTROS LEITORES 65

A SOBERBA DE ESCREVER 95

O LUGAR DA CRÍTICA 127

O BANQUETE DOS NOTÁVEIS 171

A MORTE DO CRÍTICO: UM EXEMPLO 189

A CRÍTICA COMO AUSÊNCIA E A AUSÊNCIA DA CRÍTICA 201

SOBRE O AUTOR 239

Agora prestem atenção. As palavras são de todo mundo.
Vocês têm, pois, a obrigação de fazer das palavras o que ninguém fez.

PIERRE REVERDY, *Le gant de crin*

INTRODUÇÃO

A escrita nasceu, podemos afirmar, ligada ao poder, embora gostemos de pensar que foi criada para dar voz, honra e acolhida à memória. Deve ter parecido um ato de magia, ou diabólico, sagrado em qualquer dos casos: sobre um pergaminho cheio de tinta ou uma tábua com incisões, viajavam, no espaço e no tempo, palavras, histórias, mandatos. O poder da memória e a memória do poder. O memorável. Cabe entender a leitura como uma conquista irreversível, sem derramamento de sangue, desacompanhada de qualquer exploração ou escravidão. Como território livre, fronteira de um horizonte que não acaba, lar nômade, pátria sem patriotismos, grata intempérie, espelho mágico no qual a madrasta reconhece sem ódio o saudoso rosto de Branca de Neve. Cabe imaginar a crítica como ágora de leituras compartilhadas, assembleia na qual são pesadas e medidas as palavras, os silêncios e as histórias coletivas. Nota e som referencial que ajuda a afinar o instrumental semântico em meio à balbúrdia comercial de cada dia. Contagem e volta ao início. Soar de sino que ordene o espaço e as colheitas, o calendário e os encontros, o ócio e o afã. E cabe refletir sobre por que cabe o que cabe e por que não cabe o que não cabe.

Os textos aqui reunidos são o resultado, mereçam o julgamento que mereçam, de anos de lida com a atividade literária, entendida no sentido mais amplo possível, e da reflexão sobre algumas de suas chaves: a escrita, a leitura e a crítica. Com especial ênfase, presença e atenção à ficção narrativa, ao redor da qual gira de forma dominante a constelação de materiais agrupados no livro. Entendo, contudo, que vários deles poderiam ser relacionados — com a necessária adaptação — a outros âmbitos literários, como a poesia, o teatro ou os ensaios, que não são diretamente abordados nestas páginas. Também ficaram fora deste livro, ao menos de maneira explícita, aspectos como publicação, edição, distribuição, divulgação ou recepção social e cultural que intervém na construção semântica do "ato literário" com relevância semelhante à da tríade escrita, leitura e crítica, que a tradição humanista tem privilegiado como centro de seu interesse e dos seus interesses.

Gosto de pensar que as aproximações ao literário que aqui são propostas levantam-se sobre coordenadas básicas, com capacidade suficiente para traçar um perfil útil e representativo desse ato literário sobre o qual tem se construído o espaço de inter-relacionamento social que chamamos literatura. Seus eixos têm o ponto de encontro e origem no conceito de responsabilidade. Responsabilidade tanto daquele que fala quanto de quem escuta, daquele que escreve e de quem lê. A literatura como pacto de responsabilidade é a noção do literário que atravessa estas reflexões e bem se pode dizer que sua argumentação é o próprio argumento deste livro. Entendido o ato literário como singular uso do patrimônio público que a linguagem representa e mediante o qual nos constituímos como seres sociais que somos, a responsabilidade aparece como elemento necessário, inevitável e desejável. Essas reflexões e comentários surgem a partir da análise das mudanças que o contexto sócio cultural concreto introduz nas condições desse pacto.

O que corresponde à leitura tem sua raiz na convicção de que é a realidade que nos acompanha quem lê conosco, ao mesmo tempo em que, dialeticamente, essa realidade brota da leitura que efetuamos do que existe, material ou imaterial, tangível ou intangível. E que, com efeito, toda leitura é pessoal, se bem que — e precisamente por sê-lo —, é leitura compartilhada, comum, coletiva. A leitura como espaço comum, visto à luz das impressões digitais que compõem nossa personalidade leitora. Tentei dar conta de como as relações sociais, assim como estão presentes em toda comunicação, intervém no processo pessoal e coletivo que é o ato de ler.

Pretendi abordar a crítica como uma atitude e como uma posição. A atitude de quem se pergunta pelas razões e causas de suas preferências, de seus preconceitos e de sua ideologia. A posição de combate de quem não se conforma com a narrativa dominante na vida social, nem com as narrativas dominantes nos meios culturais e, menos ainda, com a presunção de que o literário seja um aval estético que funcione como um tipo de carta branca[1]. Um aval que não admite maior interlocução que aquela proveniente das instâncias que se definem tautologicamente por serem donas desse conceito, a literatura, no qual se presume sua legitimação. Aproximei-me da figura do crítico como criador de discursos públicos e como interlocutor que, de igual para igual, interroga em voz alta os textos que uma sociedade oferece a si mesma por meio de mecanismos concretos de produção, circulação e consumo que são elaboração e expressão do sistema social sobre o qual a sociedade se assenta e na qual

---

1 No original *"patente del corso"*. Uma *"patente de corso"* ou, em francês, *"lettre de marque"* era uma carta emitida pelo Governo de um Estado autorizando o possuidor (e seu navio) a perseguir e atacar embarcações de nações inimigas, como se pertencesse oficialmente à marinha daquele país. "Corso" vem do latim *"cursus"* ou curso, corrida, jornada, campanha. (Nota do Editor)

a crítica intervém. O crítico como alguém que lê sua leitura e sabe que as circunstâncias de todo tipo, nas quais essa leitura acontece, são parte dela.

Sou consciente de que determinados pontos de partida presentes nos textos — a literatura como palavra publicada; o bem comum como pedra angular de qualquer pretensão de comunidade; a edição como sistema de legitimação; a usurpação do memorável pelas elites ou a crítica como atividade dependente dos meios de comunicação de apropriação privada — estão sendo hoje questionados pelo aparecimento, na esfera cultural e social, desse novo meio de expressão e relacionamento social que a Internet e o digital representam. E é válido pressupor que alguns daqueles pressupostos podem estar sendo alterados. O chamado ciberespaço se apresenta com vocação de espaço público ou nova ágora, sem que, no meu entender, possa ainda se afirmar se isso chegará a ser um fato, se conseguirá de forma efetiva mover as fronteiras entre o público e o privado ou se definitivamente, nos encontramos perante uma mera extensão quantitativa da esfera do privado que, dadas as relações de produção atuantes, o capital terminará controlando e hierarquizando. Entendo que seria apressado convir que uma nova tecnologia, por si mesma, sem mudanças qualitativas nas relações sociais, possa alterar a condição de mercadoria que o vigente sistema econômico aplica a toda a comunicação pública, transformando seu possível valor de uso em inevitável valor de troca. É difícil, para mim, compartilhar o otimismo daqueles que acreditam ver nas novas tecnologias uma oportunidade para que a economia da dádiva[2] consiga ser admitida no banquete da economia de mercado.

---

[2] Ver Mauss, Marcel. *Ensaio sobre a dádiva*. São Paulo: Cosac Naify, 2013. (N. do E.)

Tudo tem a sua história, e a história deste livro remonta até o longínquo dia em que alguém deu de presente à criança que eu então era uma história fictícia, *No deserto e nas selvas*[3] e continuou com o encontro com os livros *A ilha do tesouro*[4], *Martin Eden*[5] e *Madame Bovary*[6], outros presentes, outros professores, outros interlocutores e outras histórias reais, sofridas ou desfrutadas. De certo modo, esses textos são a tentativa de encontrar o sentido dessa narrativa em coro, pessoal e coletiva.

Alguém disse que quando alguém se pergunta "Para que a leitura?" sem saber encontrou uma resposta: lemos para aprender a perguntar a nós mesmos por que lemos. Pode ser. Em todo caso, é aqui que estamos.

---

3 Livro do polonês Henryk Sienkiewicz (1846-1916), ganhador do Prêmio Nobel de Literatura de 1905 e autor de várias obras de aventura, entre elas *Quo Vadis* (1895). *No deserto e nas selvas* (1911), cujo título original é *W pustyni i w puszczy*, foi publicado no Brasil na década de 1940 pela editora Panamericana, mas encontra-se fora de catálogo. Foi publicada também uma adaptação com o título de *O Herói do Deserto* (Ediouro, 1974). O livro narra as aventuras de duas crianças — Staś Tarkowski, um menino polonês de 14 anos e Nel Rawlison, uma menina inglesa de 8 — na África. (N. do E.)

4 Obra do escritor escocês Robert Louis Stevenson (1850-1894), autor também de, entre outros, *O estranho caso do Dr. Jekyll e Mr. Hyde (O médico e o monstro)*. *A ilha do tesouro* (1883) foi seu primeiro grande sucesso. (N. do E.)

5 Livro do escritor e jornalista norte-americano Jack London, pseudônimo de John Griffith Chaney (1876-1916). Novela publicada em 1909, com fortes cores autobiográficas, e que narra as desventuras de um escritor iniciante. London é autor também de, entre outros, *Caninos brancos*, *Tacão de ferro* e *O lobo do mar*. (N. do E.)

6 Um dos maiores romances da literatura francesa, marco do realismo, *Madame Bovary*, obra de Gustave Flaubert (1821-1880), foi lançado em 1857 e foi considerado, na época, indecente e escandaloso. (N. do E.)

INTRODUÇÃO

A DOENÇA DE LER

MARTIN EDEN

Martin Eden é um marinheiro de 20 anos. Um dia, depois de se ver no meio de uma briga de rua, conhece uma jovem da alta sociedade que, em agradecimento, e como quem leva uma atração de circo para casa, o convida para almoçar na mansão de sua família. Martin entra assim no mundo dos ricos: "Encontrava-se rodeado pelo desconhecido, com medo do que poderia acontecer, ignorante de como deveria comportar-se". O piano de cauda, os bibelôs sobre a lareira, os amplos salões. Uma *terra incognita*[7] abre-se à sua frente. De repente, sobre uma mesinha, uns livros. Martin encontra ou acredita encontrar ali um ponto de referência. O narrador nos diz que se aproxima deles com "o desejo de um homem faminto que vê comida". Martin lê livros — não sabemos que tipo de livros leu até agora, mas sabemos que encontra prazer na leitura, embora não saibamos que tipo de prazer. Os livros seriam o lugar de encontro entre Martin e o novo mundo que agora adentra. Lugar de encontro e desencontro.

Martin conhece Ruth, a senhorita da casa. Ao vê-la, descobre que ela é como as mulheres de que se fala nos livros: "bela, cálida, maravilhosa". E Martin se apaixona, quer dizer, deseja que

---

7 Em latim no original, *terra incógnita*, terra desconhecida, era o termo usado por cartógrafos a partir do século XIV para designar as regiões nunca mapeadas ou visitadas. (N. do E.)

essa beleza seja sua; essa beleza e, portanto, a casa luxuosa, os livros, os sentimentos agradáveis que a acompanham e constroem. Martin, enquanto espera, lê um livro. O autor, Swinburne[8], é para ele um desconhecido. Martin gosta dos poemas que lê, mas Ruth lhe diz que Swinburne não é um grande poeta porque não é delicado. E assim Martin descobre, com surpresa, que seu gosto não é gosto e sim mau gosto. Descobre o poder do gosto. Como Adão, prova do fruto proibido. A chave que esconde a diferença entre o bem e o mal, entre o bom gosto e o mau gosto. Descobre que ele não entende disso, descobre que gosto é algo sobre o que se entende ou não se entende. Aprende que gosto não é algo pessoal e sim algo que alguém detém, possui e aplica, exerce e utiliza. Alguém como Ruth. Ele lhe fala de Longfellow[9] e ela sorri para ele de modo "humilhantemente tolerante." Alguém como ela, ou seja, sensível, culta, nobre, delicada, tolerante. E Martin quer entender: "A verdade é que dessas coisas (os livros) não entendo. Não me pertencem. Mas vou fazer com que sejam meus".

O romance de Jack London é a história dessa decisão — a de entender os livros — e de seu correlato novelesco: casar-se com Ruth, conquistar o seu mundo; produzir para si um gosto, para ser gostado por alguém.

Martin se entrega aos livros. Pensa que tudo está neles. Afinal, descobre ali a possível existência de mulheres como Ruth, e a realidade lhe demonstra que os livros estavam certos. Volta-se,

---

8 Algernon Charles Swinburne (1837-1909) foi um poeta, escritor e crítico inglês que, na época vitoriana, chocou a sociedade com sua poesia sensual e mórbida, com temas como o sadomasoquismo, suicídio e lesbianismo; entretanto, deixou também obras clássicas e dramas poéticos. (N. do E.)

9 Henry Wadsworth Longfellow (1807-1882) foi um poeta, romancista e tradutor norte-americano, de inspiração romântica, muito popular nos Estados Unidos e Inglaterra. (N. do E.)

então, com toda a sua tenacidade, aos livros. E começa pelo básico: gramática e vocabulário, sem esquecer de consultar livros de "etiqueta": a gramática dos bons costumes. Martin parece ingênuo, mas não é tanto assim. Sabe que para entrar no mundo ao qual aspira precisa conhecer o seu código.

Até então os livros, para ele, falavam de fantasias. Agora é diferente. Descobre que as fantasias podem ser realidade e desse modo a fantasia — Ruth — transforma-se em um desejo real; ou seja, realizável, em ação. Ruth e a nobreza que ela encarna estão aí, ao alcance (aparentemente ao menos), da mão. O suplício de Tântalo[10] começa. Trata-se de ler, de entender os livros, de decifrar o seu código. Trata-se de merecer Ruth. Martin viu o sol e quer um lugar ao sol. Nisso, ainda que somente nisso, Martin é um precursor de Clyde Griffiths, o protagonista de *Uma tragédia americana*, de Theodor Dreiser[11].

De volta a seu modesto alojamento, Martin descobre que o quadro com o qual até então enfeitava sua parede é feio, barato. São Paulo cai do cavalo, a escala de valores de Martin vem abaixo. E tem mais, descobre que nunca teve escala de valores, que vivia sem sentido, quer dizer, sem juízo: "Até então, havia aceitado a vida como uma coisa boa". De repente, sente-se perdido.

---

10 Na mitologia grega, Tântalo era filho de Zeus e rei da Frígia. Após abusar da confiança dos deuses — segundo algumas versões roubando néctar e ambrosia, segundo outras, servindo o próprio filho num banquete para testar a onisciência dos deuses — foi condenado ao Tártaro. Seu suplício era ficar mergulhado na água e ao lado de alimentos, com fome e sede eternas, incapaz de se alimentar ou de beber, ou seja, próximo de algo que deseja, mas incapaz de alcançá-lo. (N. do E.)

11 No romance do escritor norte-americano Theodore Dreiser (1871-1945), publicado em 1925 com o título original de *An American Tragedy*, o personagem principal também se encanta com um mundo sofisticado ao qual deseja pertencer. (N. do E.)

Precisa de uma nova bússola e de um novo mapa: os livros. Sabe aonde deseja aportar: Ruth. O amor lhe oferece suas forças. Começa sua empreitada.

Lê. Incansavelmente. Como um prisioneiro nas galés. Amarrado ao duro banco.

Entra numa biblioteca e novamente se sente perdido. Mas também estimulado. "Os muitos livros que lia não lhe serviam se não para aumentar seu desassossego." Cada página o faz vislumbrar o horizonte infinito de sua ignorância. Sofre. Lê Kipling[12] e surpreende-se com a "luminosidade, a vida e o movimento que tomavam as coisas vulgares." Surpreende-se com tanta compreensão sobre a vida. Lê confusamente, não consegue ordenar o que lê. Passa da filosofia à economia. Não entende nada. Quase não compreende o que lê porque não sabe onde colocar o que lê. Falta-lhe uma base. Estuda gramática e métrica, e entra nos mistérios da composição poética. Enquanto melhora sua gramática, afasta-se de sua origem. Rechaça a aventura sexual com "uma trabalhadora" porque os outros olhos (a escala de valores), os da Ruth, oferecem e prometem algo melhor: livros e quadros, beleza e educação, toda a elegância de uma existência superior. Descobre, inclusive, "a vida interior", esse sentimento que permite que a gente se sinta melhor que o resto dos que nos rodeiam, sobretudo quando os que nos rodeiam são ou parecem feios. Afasta-se de sua classe, quer dizer, se desencaixa, sai de seu lugar enquanto tenta entrar no lugar de outros: "Quero respirar um ar como o que você respira aqui: ar de livros, de quadros, de coisas belas,

---

12 Rudyard Kipling (1865-1936) foi um romancista, jornalista e poeta britânico, nascido na Índia colonial. Vencedor do Prêmio Nobel de Literatura de 1907, tem entre seus principais livros *The Jungle Book* (*O livro da selva*, 1894) e *Kim* (1901). (N. do E.)

de gente que fala em voz baixa e não aos gritos, que é limpa e têm pensamentos limpos".

A novela nos mostrará narrativamente que por trás dessas vozes que falam baixo se oculta o egoísmo de classe e nos relatará como Martin irá descobrindo de que forma, nesse mundo de pensamentos limpos, os livros são apenas um adorno, puro adorno, sem nenhuma função de uso: sinais de status, marcas de distinção, signos de cumplicidade e exclusão. Martin pensa na escrita como meio de alcançar o status que o tornará digno de Ruth, mas de início irá encontrar apenas paternalismo e desprezo mais ou menos encoberto. Sua aproximação ao entorno do socialismo, ainda que o encare a partir de sua radicalidade individualista, dará lugar à ruptura com a amada. O triunfo literário chegará quando ele já nada espera. Em breve verá o rosto escuro de uma fama que sente arbitrária e estéril. Deprimido e decepcionado, embarca rumo aos mares do sul em busca de um paraíso saudoso. Durante a travessia, sua vida apresenta-se como algo absurdo. À beira da ruptura de sua existência, volta a ler aquele poeta pouco delicado que por primeira vez lera na casa de Ruth: Swinburne, o poeta que não era um grande poeta porque não enaltecia as coisas. Recupera o seu mau gosto e desiste de viver. Os livros o levaram à morte.

NANEFERKAPTAH, O EGÍPCIO

Naneferkaptah é um jovem pertencente à família real de um faraó da décima dinastia. Viveu no século X antes de nossa era. Não fazia outra coisa — conta o relato recolhido por Juan Baraíbar[13]

---

13 Ver Baraíbar, Juan, *Personajes insólitos del Egipto faraónico*. Madri: Temas de Hoy, 1998. (N. do E.)

num volume sobre antiga literatura egípcia —, a não ser passear pela necrópole de Mênfis lendo as inscrições das tumbas dos faraós e as lápides dos escribas da Casa da Vida. Um dia, enquanto seguia a procissão de um enterro a fim de ler as inscrições, vê como um sacerdote ri dele.

"Por que ri de mim?" O sacerdote responde que o faz porque observou a sua mania de ler as inscrições. "Se quer ler coisas realmente importantes, lhe direi onde está o livro que Thot em pessoa escreveu quando desceu em busca dos deuses. É composto por dois encantamentos: se você ler o primeiro, poderá encantar o céu, a terra, o além, os montes e os mares; poderá saber tudo o que dizem os pássaros do céu e os répteis e verá os peixes que vivem nas profundezas da água. Se ler o segundo encantamento, chegará ao reino dos mortos sem haver morrido e poderá ver Rá aparecendo no céu em todo o seu esplendor."

"Pede-me o que for" — respondeu o desafortunado Naneferkaptah — "e eu te darei, se me disseres o lugar onde está esse livro."

"Chegarás ao desejo que já desejas, mas eu sou um sacerdote e não um comerciante qualquer, e se queres que o teu ouvido conheça o que a minha boca já sabe, terás de me ceder todos os teus bens e prerrogativas e privilégios."

"Que seja", respondeu o desafortunado. Mas o sacerdote pediu então a morte de sua esposa e de seus filhos, "pois não quero que depois briguem comigo". E o desafortunado mandou trazer sua esposa e filhos e ordenou que "lhes façam a atrocidade que vier a sua mente". Então mataram seus filhos diante dele e jogaram os corpos do alto do templo para que fossem devorados pelos cachorros e gatos. E uma vez que isso foi cumprido, o sacerdote deixou que a sua boca acalmasse a sede no ouvido de Naneferkaptah: "O livro de Thot está em meio às águas dos mares de Coptos, dentro de uma caixa de ferro, e a caixa de ferro tem dentro uma caixa de cobre, e dentro da caixa de cobre tem uma caixa de madeira, e dentro da caixa de madeira tem uma caixa de marfim e ébano e essa caixa tem dentro outra de prata, dentro da qual encontrarás uma caixa de ouro, e dentro dessa caixa estará o livro, mas a caixa que o contém é guardada pela serpente da eternidade."

E Naneferkaptah, o homem que sobre todas as coisas amava a leitura, caminhou até a beira do mar de Coptos e, uma vez ali, atirou areia nas águas do mar de Coptos, que se abriram, e ele caminhou entre as águas. Chegou ao local em que estava a serpente da eternidade e lutou com ela, e a matou, mas a serpente reviveu. Lutou com ela uma segunda vez e a matou, mas ela novamente reviveu. Lutou pela terceira vez, e a cortou em duas partes e colocou areia entre ambas, e desse modo ela morreu e não reviveu. Então abriu as caixas e dentro da caixa de ouro encontrou o livro. Saiu do mar e as águas fecharam-se atrás dele. E, de volta a Mênfis, abriu o livro e leu. Leu o primeiro encantamento e o céu e a terra, o além e os montes e mares lhe descobriram os seus segredos, e soube o que diziam os pássaros e os peixes e os animais das planícies e das montanhas. E os que o viram ler viram em seu rosto o resplendor da alegria e do conhecimento. Leu o segundo encantamento e viu Rá, que aparecia no céu. E entrou no reino dos mortos e viu os despojos profanados de sua esposa e filhos e ouviu os seus desgarradores lamentos. Horrorizado, tapou os olhos, mas continuou vendo. E tapou seus ouvidos e continuou escutando. E os que o viram ler viram seu rosto cheio de espanto e morte e viram como o desafortunado Naneferkaptah, o homem que sobre todas as coisas amava a leitura, arrancava os próprios olhos apenas com a força de seus dedos e gritava, não cessava de gritar, e ainda continuou gritando por toda a eternidade.

EMMA BOVARY

Emma é a filha única de um fidalgo da aldeia, viúvo. Estuda em uma escola para senhoritas. Lê romances e descobre que existem outras vidas, ou seja, outros horizontes de vida. Vidas mais intensas, mais "sensíveis", mais "ativas". Vidas com intrigas, com drama, com "destino". Vidas novelescas, mundanas, excepcionais, heroicas. Vidas nas quais o tempo é ação e a ação é escolha trágica, grandiloquente. Lê toda sorte de novelas e histórias, e é tal o seu afã que diante dos pratos pintados nos quais lhe servem o jantar não consegue deixar de ler a história de mademoiselle de La Vallière[14]. Descobre essas vidas e desse modo descobre o possível sentido da sua própria. Da comparação brota uma ferida, uma chaga. Sai do internato e volta para casa com essa ferida. Que lhe dói como uma esperança. Enquanto há dor, há esperança. As novelas alimentam essa dor, essa esperança. A esperança dessa outra vida da qual falam os romances. A esperança de um dia saber: "Queria saber o que se entendia exatamente na vida pelas palavras felicidade, paixão e arroubo, que tão lindas lhe pareceram nos livros". Saber exatamente. E esse "exatamente" é que nos revela a qualidade de sua ferida, desse não saber que dói. A tentação de saber. A tentação de Lúcifer.

Emma lê enquanto espera que esse saber chegue. Espera dolorida. Mas nos livros não encontra alívio. Com os livros,

---

14 Louise Françoise de la Baume le Blanc, duquesa de La Vallière (1644-1710), foi a mais famosa das amantes do rei Luís XIV, da França. Entre 1661 e 1667, quando foi substituída pela Marquesa de Montespan, teve quatro filhos do Rei Sol. *O Visconde de Bragelonne*, de Alexandre Dumas, pai (a terceira e última parte da história dos três mosqueteiros), tem La Vallière como uma de suas muitas personagens. (N. do E.)

como já dissemos, incrementa sua dor. O alívio, se vier, virá de fora, da vida. E a promessa de vida, a promessa de alívio, virá curiosamente pelas mãos de uma espécie de médico: Charles Bovary. Eles se casam. Pior o remédio do que a doença. Emma descobrirá logo que a vida com Charles não tem lugar nem para a felicidade, nem para a paixão, nem para o arroubo. Charles não sabe escrever nenhuma dessas palavras. Sequer parece tê-las lido nunca. De repente a dor cresce, mas a esperança diminui. O livro de sua vida avança e cada vez restam menos folhas pela frente. Míngua a esperança de vida. Sem esperança talvez a dor terminasse arrefecendo, mas a esperança permanece e aumenta.

Um belo dia, o casal Bovary recebe um convite para um baile no palácio do marquês de Ardervilliers. Vão ao baile e Emma comprova que as novelas não mentem, que há um mundo no qual a paixão existe, o arroubo tem lugar e a felicidade é mais que uma promessa. Mas no seu livro esse baile não passa de uma página. Passada a página, ela encontra apenas uma fraca, cinza e previsível prosa: "E o tédio, aranha silenciosa, tecia na sombra sua teia em todos os cantos de seu coração." Também a página tece sua teia de nostalgia, lembrança e esperança. Mais dor, mais espera. Acabar com o tempo, com esse futuro tão imperfeito no qual está escrevendo-se a sua vida. Mudar de espaço. Outro povo, outras gentes, outros livros. "Li tudo". Outros médicos que aliviem sua ferida. Quando os Bovary se mudam para Yonville, Emma não muda de povoado, muda de biblioteca, de romance, de expectativa.

Não há nada que agrade mais um doente do que falar de sua enfermidade com outro doente. Se a doença é a mesma, a empatia que ambos sentem se aproxima do amor: as almas enfermas sentem-se almas gêmeas e o alívio é mútuo. A síndrome do sanatório (*A montanha mágica*[15]). Emma encontra-se com outro amante — dos livros.

> — Como eu — interveio Leon. — Tem coisa melhor do que ficar, à noite, ao amor do lume, com um livro, enquanto o vento faz soar os cristais e arde a lâmpada?
> — Não é verdade? — exclamou Emma, cravando nele seus grandes olhos negros bem abertos.
> — Não se pensa em mais nada — prosseguiu Leon —, e as horas passam. Pode-se passear, imóvel, por países que crê estar vendo, e o pensamento, enredando-se na ficção, recria-se nos detalhes ou segue o contorno das aventuras. A gente se identifica com os personagens; parece que somos nós mesmos que palpitamos sob suas roupas.
> — É verdade! É verdade! — dizia Emma.

Fall in love. Apaixonar-se. Cair de amores. Como uma lei matemática. Coloque-se dois "letraferidos"[16] em um espaço prosaico e ambas as almas (e corpos) se verão submetidos a uma atração diretamente proporcional à profundidade de suas feridas (ou seja, ao seu número de leituras) e ao prosaísmo do entorno. Falta a variável tempo. As almas precisam, para se fundir, de menos tempo que os corpos, já que esses têm de vencer obstáculos mais contumazes: pudor, medo, riscos e proibições sociais. Emma e Leon unem suas almas mas não se atrevem a unir os corpos. Falta-lhes oportunidade, e a palavra que sai da

---

15 Livro do escritor alemão Thomas Mann (1875-1955), com o título original de *Der Zauberberg*. Escrito em 1924, é um dos mais importantes livros do autor, vencedor do Prêmio Nobel de Literatura de 1929, e um clássico da literatura mundial. (N. do E.)

16 No original, em espanhol, *"letraheridos"*. Palavra não dicionarizada, possivelmente do catalão *"lletraferit"*: pessoas aficionadas pelas letras, leitura, literatura; alguém tocado e transformado pela palavra escrita. (N. do E.)

alma e procura o corpo. O verbo feito carne. As novelas tornadas realidade. Falta-lhes tempo (e talvez coragem). A separação entre alma e corpo cria dor. Emma acode à igreja em busca de alívio mas ali não encontra palavras. Apenas um pároco vulgar que não entende de palavras (o retrato *avant la lettre*[17], em negativo, de Fermín de Pas de *La Regenta*[18]). E Leon, sem coragem (ou imprudência), foge. Ele pode fugir, mudar de biblioteca. Emma fica com sua dor, que já nenhum livro pode acalmar. "Mas com as leituras ocorria-lhe o mesmo que com as tapeçarias, que, assim que começadas, amontoavam-se no armário; pegava-as, deixava-as, passava para outras." Não encontra o livro que precisa. A doença agravou-se e o diagnóstico e a prescrição de sua sogra — "impedir Emma de ler romances" — chegam tarde. (O padre e o bacharel Sansón Carrasco[19] expurgando e queimando os livros de Dom Quixote.) Ela já conhece as palavras dos livros. Seu problema agora é que quer conhecer exatamente o seu significado. Quer ser protagonista das palavras. Quer atos. O lugar onde as palavras descobrem seu significado.

E aparece Rodolfo (mesmo nome que o do protagonista de *Os mistérios de Paris*[20]), que veste fraque verde e luvas amarelas,

---

17 Em francês no original, antes da palavra, antes de existir o próprio termo, antes do estado definitivo. (N. do E.)

18 *La Regenta* é uma novela do escritor espanhol Leopoldo Alas y Ureña (1852-1901), também conhecido como "Clarín", publicada em 1885. O cônego Fermín de Pas é um de seus personagens. (N. do E.)

19 Sansón Carrasco é um dos personagens da novela *O engenhoso cavaleiro D. Quixote de La Mancha*, escrita pelo espanhol Miguel de Cervantes Saavedra (1547-1616). O bacharel aparece apenas no segundo livro, publicado em 1615. (N. do E.)

20 Livro do francês Eugène Sue (1804-1857), autor também de *Le juif errant*, foi publicado originalmente com o título de *Les mystères de Paris* no *Journal des Débats*, de Paris, entre junho de 1842 e outubro de 1843. (N. do E.)

e tem uma mansão, e renda. E Rodolfo, que sabe ler embora não tenha lido Walter Scott[21] — "Com três palavrinhas galantes, uma mulher assim nos adoraria, estou certo" — fará Emma se sentir a protagonista do livro que sempre quis ler. Um livro com felicidade, paixão e arroubos. Rodolfo escreve bem a novela que Emma quer ouvir. E em seus braços conhecerá Emma a paixão, o arroubo e a felicidade. "Tenho um amante. Um amante!"

Logo virá a decepção, o abandono, o sofrimento. E a convalescência. E o desejo de mudar de vida, quer dizer, de livros. Dos romances aos livros religiosos, dos sonhos de amante aos sonhos de santidade. E um belo dia Emma assiste à representação de *Lucia di Lammermoor*[22] e novamente surge o horizonte da esperança de outra vida. Leon, que reaparece. Esteve em Paris e leu outros livros — "sua timidez se gastara no contato com companhias alegres"— e a história já está madura para que aconteçam mais que palavras. Outra vez o adultério, ou seja, a possibilidade de viver duas vidas, o arroubo e a paixão. Almas gêmeas que vibram. E se fadigam.

E Emma, finalmente, descobre o significado exato daquelas palavras que tão belas tinham lhe parecido nos livros: "Não era feliz, nunca o fora… Cada sorriso dissimulava um bocejo de tédio, cada gozo uma maldição, todo prazer sua saciedade". Emma, por fim, leu. Tarde demais. As dívidas se acumulam. A ruína e o escândalo. O suicídio. Um preço caro demais para alguém que apenas queria, afinal de contas, ler e ser lida.

---

21 Walter Scott (1771-1832) foi um escritor escocês, considerado o criador do romance histórico, autor de, entre outros, *Rob Roy* (1818) e *Ivanhoé* (1819). (N. do E.)

22 *Lucia di Lammermoor* é uma ópera do compositor italiano Gaetano Donizetti (1797-1848), com libreto de Salvatore Cammarano, livremente baseada no romance *The Bride of Lammermoor* de Walter Scott, publicado em 1819. (N. do E.)

ÁGUA NEGRA

São três histórias, três narrativas, três ficções, mas poderiam ser muitas mais. Começando pelo Quixote, esse fidalgo a quem a leitura dos romances de cavalaria levou à loucura, a história de um leitor a que a má literatura encheu a semântica de maiúsculas e que ao sair da vida para encontra-las descobre que não, que a realidade se escreve com minúsculas, com fatos concretos atravessados por relações sociais concretas que dão às palavras seu real sentido e significado. Ou a história de Matthew Sharpin, o protagonista de *The Biter Bit*, de Wilkie Collins[23], que por efeito dos romances policiais termina enxergando o mundo como uma constelação paranoica de indícios e suspeitas. Histórias para ler nas quais há um aviso contra a leitura. Histórias que parecem confirmar os temores e desconfianças que a ficção narrativa tem despertado de maneira recorrente ao longo da história.

A prevenção contra a leitura nos parece coisa do passado, mas não é. Claro que já ninguém diz que a leitura afeta o entendimento, mas nestes tempos em que o "incentivo à leitura" faz parte do projeto cultural de qualquer Estado, a velha desconfiança brota novamente na denúncia de que a leitura de determinados livros fomenta a estupidez do público, lhe estraga o gosto ou incrementa a alienação individual ou coletiva. Não é preciso lembrar que a censura, em suas formas mais grotescas ou sutis, continua sendo uma constante em

---

23 William Wilkie Collins (1824-1889) foi um romancista, contista e teatrólogo inglês de grande popularidade, considerado um dos criadores do gênero da novela policial. *The Biter Bit* foi publicado originalmente na revista *The Atlantic Monthly* em 1858. Escreveu, entre outros livros, *The Woman in White* (1860) e *The Moonstone* (1868). (N. do E.)

nosso mundo, e não apenas em áreas culturais "de atraso" democrático ou ligadas a regimes fundamentalistas. Trata-se agora de tentar averiguar de onde pode surgir essa prevenção à leitura, sobretudo de romances, que não deixa de conviver com a pretensão — politicamente correta —, de que "ler nos torna mais livres". Essa prevenção, mais ampla do que parece, é alimentada sobretudo por dois tipos de mentalidades: as que pensam que o perigo da leitura reside na leitura mesma, que carregaria um perigo "intrínseco"; e as que pensam, mais ou menos explicitamente, que esse perigo corresponde a determinados leitores insuficientemente preparados, aos quais a leitura de todos ou determinados livros, sobretudo romances, resultaria daninha.

Talvez seja conveniente lembrar aqui alguns aspectos daquilo que vem sendo chamado História da leitura, não tanto para atender as questões de caráter sociológico — quem leu, quanto leu, o que leram — mas para esclarecer as possíveis relações entre a leitura e as condições em que ela tem lugar.

Mas antes parece quase impossível não se deter no paradigmático texto *Fedro* de Platão[24], no qual Sócrates expõe sua pessoal opinião sobre "os males da leitura". Conta Sócrates como o deus Theuth — o deus Thot da história de Naneferkaptah — elogiava a arte das letras ao faraó Thamus dizendo que "esse conhecimento, oh Faraó, tornará mais sábios os egípcios, e mais memoriosos, pois foi inventado como um remédio da memória e da sabedoria". O faraó responde-lhe: "Oh, Theuth, artífice maior! A alguns é dado criar arte, a outros julgar quanto de dano

---

24 Texto filosófico escrito por Platão (*c.* 428-348 a.C.) por volta de 380 a.C., na forma de diálogo socrático, aborda temas como retórica, discurso, amor, alma, inspiração e o domínio de uma arte. (N. do E.)

CONSTANTINO BÉRTOLO

ou proveito aporta a quem pretende fazer uso dela. E agora tu, precisamente, pai que és das letras, por apego a elas, lhes atribuis poderes contrários aos que têm. Porque é esquecimento o que produzirão nas almas daqueles que as aprendam, ao descuidar da memória, já que, fiando-se no escrito, chegarão à lembrança por fora, através de caracteres alheios, não desde dentro, desde si mesmos e por si mesmos. Não é, assim, um remédio da memória o que encontrastes, mas um simples lembrete. Aparência de sabedoria é o que proporcionas a teus alunos, mas não verdade. Porque tendo ouvido muitas coisas sem aprendê-las, parecerá que têm muitos conhecimentos, sendo, ao contrário, na maioria dos casos, totalmente ignorantes, e difíceis, além do mais, de tratar, porque terminam se transformando em sábios aparentes em vez de sábios de verdade".

Pouco mais adiante, o mesmo Sócrates diz a Fedro que "quem pensa que deixou uma arte por escrito, e, da mesma maneira, quem recebe isso como algo que será claro e firme pelo fato de estar em letras, é por demais ingênuo e, na realidade, desconhece a profecia de Thamus, acreditando que as palavras escritas são algo mais, para aquele que as conhece, do que um lembrete daquelas coisas sobre as quais versa a escrita".

Vemos que Sócrates não apenas alerta contra a escrita — e portanto contra a leitura — uma vez que esta mina a memória, mas também porque pode criar uma falsa experiência — uma memória alheia que se tomaria própria —, além de apontar como a escrita e a leitura tendem a supervalorizar o valor das palavras (escritas, lidas). Todavia, insistirá Sócrates, em que outro dos perigos das palavras escritas — "escrevê-las em água, negra certamente, semeando-as por meio da pena" — reside em sua incapacidade para responder a qualquer interrogação que lhes seja feita: "Se algo lhes é perguntado, respondem com o mais altivo dos silêncios". Dito de outro modo: o que Sócrates assinala a esse respeito é a unilateralidade da palavra escrita, perante a multilateralidade ou capacidade para o diálogo da palavra oral. Não é difícil associar essa prevenção socrática a todas as reservas que, de instâncias de todo tipo — a pedagogia, a psicologia, a epistemologia — tem sido atribuídas aos meios audiovisuais, mais precisamente à televisão, como veículo de conhecimento que por suas características fomentaria um modo de conhecimento passivo, irreflexivo, instável e superficial. Reservas essas que a sociedade letrada enfatiza em sua defesa do livro e da leitura como técnicas e tecnologias mais favoráveis para a construção de consciência crítica, coletiva ou pessoal. Cabe, contudo, perguntar se essa adulação generalizada não corresponde a uma ótica humanista que vê a palha no olho alheio e esquece da viga que atrapalha o próprio. Teremos, portanto, de nos referir ao "modo de produção" da leitura.

O SILÊNCIO DO LEITOR

A historiografia sobre leitura parece deixar claro que a literatura oral não constituiu um simples estágio anterior ao surgimento da literatura escrita. Pelo menos no mundo grego, escritura e oralidade ocupavam dois espaços diferentes e pertinentes, relacionados com diferentes e pertinentes funções tanto no campo da lírica quanto no da épica. Na sua origem, a escritura enquanto inscrição se constituía na voz das coisas mortas, enquanto a palavra oral era própria dos fatos correspondentes aos seres animados e a sua transcrição — sua escritura — é produto de uma lenta evolução, ligada ao aparecimento da cidade-estado, com sua necessidade de fixar e estabelecer 'sinais de identidade' comuns. A esse respeito, não deixa de ser esclarecedor que seja Pisístrato[25], o tirano ateniense, quem encomende a transcrição dos poemas homéricos. Também parece provado que isso não significou o desaparecimento da declamação. Durante séculos — que englobam toda a Grécia clássica e a época de Roma —, a leitura do "texto" seria realizada em voz alta.

Essa forma de leitura situa o "leitor-ouvinte" numa posição singular, numa posição comunal. O "leitor", na leitura oral, é um leitor coletivo: escuta com os outros, lê com os outros, e esse fato modifica sua apreensão das palavras. Numa leitura desse tipo, o leitor tende a ouvir de maneira quase inevitável os significados comuns. O leitor sabe que o texto não se destina a ele e sim a um nós do qual ele é e se sente parte: o público. E lê a partir dessa posição. É leitor enquanto faz parte de um coletivo, chame-se este comunidade, igreja ou casta senatorial. A partir dessa posição, repito, o leitor-ouvinte procura nas palavras o comum, aquilo que os outros também ouvem, o que escuta a comunidade.

Essa leitura coletiva varia radicalmente com o aparecimento do leitor silencioso, com o aparecimento dessa forma de leitura solitária, em silêncio que hoje tendemos a identificar com a leitura. O desenvolvimento dessa nova forma de leitura está associado ao surgimento da imprensa, embora saibamos que anteriormente existiram leitores silenciosos. A expansão do comércio de livros foi estudada em detalhe e conhecemos sua importância na Roma imperial ou na época do esplendor do Grande Bizâncio. Mas sabe-

---

25 Político ateniense, o aristocrata Pisístrato (c. 605-527 a.C.) governou Atenas em dois períodos. Primeiro entre 560 e 559 a.C. e depois entre 546 e 527 a.C., ano de sua morte. Tomou medidas que contribuíram para o desenvolvimento econômico da cidade, principalmente na agricultura e no comércio. Além da compilação dos versos de Homero, são atribuídas ao tirano várias ações no campo artístico e cultural. (N. do E.)

mos também que esses leitores silenciosos, por mais numerosos que possam ter sido, estavam inscritos dentro de uma prática geral na qual a leitura oral continuava constituindo-se como o paradigma da leitura. Lia em silêncio aquele que não tinha acesso, por causas diversas, à leitura coletiva, do mesmo modo que sabemos que, durante muito tempo, inclusive a leitura solitária era realmente uma leitura em voz alta na qual o leitor ouvia suas próprias palavras. Sabemos também que o aparecimento da imprensa não desterrou radicalmente a prática da leitura em comunidade, embora a tenha ido desalojando progressivamente de sua antiga posição central para margens quase anedóticas: o convento, a família, a fábrica.

A importância da era Gutenberg reside na incorporação uma atitude leitora radicalmente diferente da anterior. Na leitura silenciosa, já não parece haver entre o texto e o leitor nenhuma instância intermediária. O leitor lê sozinho, desaparecendo assim aquela disposição para ler nas palavras o que os outros estão lendo, a disposição para ler os significados comuns. O leitor silencioso, ao menos aparentemente, lê a partir de sua própria liberdade. A leitura se torna livre. Por isso não é de se estranhar que com essa liberdade na leitura nasça a livre interpretação. Lembremos de Lutero e da tradicional desconfiança da Igreja Católica para com a leitura. Com a leitura livre nasce, podemos dizer, a censura.

O leitor silencioso tem ao seu alcance a possibilidade (e o risco) de acreditar que é ele — e somente ele— quem da vida às palavras do texto, e a possibilidade (e o risco) de pensar que essas palavras estão escritas para (somente) ele. Em outras palavras, o leitor silencioso pode chegar a imaginar que ele é o proprietário das palavras do texto. E é essa possibilidade que tende a levá-lo a buscar nas palavras não mais seu significado comum, mas um significado singular, próprio, particular, egoísta e narcisista. O leitor silencioso tende, pela própria natureza de sua forma de leitura, a se apropriar de ma-

CONSTANTINO BÉRTOLO

neira individual do significado das palavras, das frases, dos parágrafos, das histórias, dos romances. O leitor silencioso sente-se proprietário do texto. Sente o texto como uma propriedade privada (e também o escritor será vítima interessada desse espelhamento). Daí surgirá a ideia, de viés romântico, que concebe a leitura como um "diálogo na intimidade". "O refluxo das palavras lidas — escreve Emilio Lledó[26] —, chega, por assim dizer, à praia da intimidade."

A leitura silenciosa ou privada cria a aparência de uma solidão produtiva. Solidão, porque o leitor se retira do mundo; produtiva, porque a partir da leitura constrói uma ideia do mundo e uma ideia de si mesmo. E, sejam quais forem essas ideias, parece claro que esse leitor poderá concluir que o mundo se pode conhecer sem atos, ou seja, de forma quietista, e que o seu "eu" está em condições de se construir fora do olhar alheio.

A experiência básica da leitura silenciosa reside na descoberta de que não são necessários os outros para viver uma existência plena, ou seja, aquela na qual se estabelece um acordo entre o "eu" e o meio. Essa descoberta — ou espelhamento, ou tentação — é um movimento psicológico inerente ao próprio ato da leitura privada, o que não implica em ser sempre o seu resultado. Mas, para que não seja assim, será requerida a presença de outros fatores que desprivatizem a leitura.

No diálogo platônico citado, insiste Sócrates em que o maior perigo da leitura reside na impossibilidade de contrastar as palavras escritas; na impossibilidade de refutá-las, como diria Popper. A verdade é que, no processo de leitura, um contraste é produzido entre as palavras do texto e, vamos assim chamar, as

---

26 Emilio Lledó (Sevilha, 1927) é um acadêmico e humanista espanhol, membro da Real Academia Española e autor de, entre outras obras, *El silencio de la escritura* (1991) e *Los libros y la libertad* (2013). (N. do E.)

palavras próprias; mas esse contraste sem testemunhas não tem força suficiente para afastar o perigo.

Esse contraste entre as palavras do texto e as palavras próprias será mais ou menos forte segundo a qualidade de umas e outras, e em qualquer caso parece que o contraste virá marcado pela firmeza ou pela labilidade das próprias. Por isso em geral se fala mais — desde as instituições dominantes, seja o Estado, a igreja ou a família — dos possíveis perigos da leitura entre os jovens, enquanto essa ameaça parece desaparecer entre os adultos, aqueles que "já sabem o que é a vida", ou seja, já têm assentadas as palavras próprias (que, curiosamente, costumam coincidir com as palavras hegemônicas). Uma distinção que nos remete à já citada divisão entre receptores convenientemente preparados e não convenientemente preparados.

A própria narrativa parece contribuir com elementos para essa tese. Com a exceção de Dom Quixote, os personagens infectados pela leitura costumam ser vítimas dessa infecção durante a adolescência. É o caso de Paolo e Francesca[27], de Mathew Sharpin, de Emma Bovary. Por motivos semelhantes, costumam ser personagens femininos, uma vez que até pouco tempo atrás o clichê dominante incluía as mulheres na paternalista categoria das que desconhecem "a verdade da vida". Quanto à exceção de Dom Quixote, ela deixa de parecer estranha se considera-se que a sua condição de velho fidalgo traduz o especial sentimento de ser alguém que vive fora da história, fora da realidade. E sobre leitura e realidade passamos agora a refletir.

---

27 Francesca da Rimini e Paolo Malatesta teriam sido amantes, e mortos por Giovanni Malatesta, marido dela e irmão mais velho dele. Personagens da *Divina comédia* de Dante Alighieri (1265-1321), aparecem no Canto V do *Inferno*, com aqueles que cometeram o pecado da luxúria. (N. do E.)

LEITURA E REALIDADE VIRTUAL

Consideremos outro dos perigos sobre os quais Sócrates alerta: a falsa sabedoria, falsa experiência, falsos conhecimentos. Quando hoje se fala de realidade virtual ou do mundo como sistema de informação, parecemos esquecer que, ao menos em parte, a literatura funciona — antes do aparecimento da televisão e da internet — de uma maneira semelhante: criando realidades virtuais e informações não solicitadas de maneira expressa. O grau de virtualidade e superinformação da vida atual é, obviamente, muito maior, e qualitativamente diferente, ao de um mundo hegemonizado pela letra impressa, mas em todo caso a reflexão de que hoje podemos ver o mundo sem vê-lo é transferível ao tipo de problemas que coloca, sem ir muito além, a leitura de um romance.

É bem sabido que, em todos aqueles livros (muitos) que tratam das virtudes da leitura, nunca falta o elogio à capacidade que os livros têm de nos dar a conhecer o mundo. O caso é que a leitura produz conhecimento virtual, e não apenas de uma paisagem urbana, rural ou exótica, mas também de emoções, sentimentos, atitudes e condutas. "Pode-se passear, imóvel, por países que crê estar vendo, e o pensamento, enredando-se na ficção, recria-se nos detalhes ou segue o contorno das aventuras. A gente se identifica com os personagens; parece que somos nós mesmos que palpitamos sob suas roupas", lemos nesse início da segunda parte de *Madame Bovary* todo um manual de como não ler. E esse mesmo efeito continua acontecendo hoje, embora ocorra em franca competição com os meios audiovisuais. As consequências desse conhecimento virtual do qual estamos todos cada vez mais imbuídos seriam semelhantes, feitas as ressalvas oportunas, à experiência de

Emma Bovary. O modo em que Emma Bovary se relaciona com o mundo — sempre por meio dos livros —, principalmente em seus anos de formação, é basicamente virtual. São os romances que conformam seu imaginário, sua 'intimidade', sua escala de valores, sua visão de mundo. Por meio dos romances sofre antes de sofrer, ama antes de amar, atua antes de atuar, conhece antes de conhecér, vê antes de ver, goza antes de gozar. Vive sem viver. Emma, entretanto, não se instala no virtual. Sabe que a vida é outra coisa e por isso deseja contrastar as palavras dos livros com as palavras do mundo. Quer viver no mundo, e por causa disso, quando o convento lhe impõe a vocação, o retiro do mundo, se detém imediatamente. Sai do convento e "retorna ao real".

Acontece — e a isso chamamos *bovarismo* — que o retorno ao real estará tingido para Emma Bovary dessa experiência, falsa ou virtual, que conheceu nos livros e que sem dúvidas alterou suas expectativas, seu horizonte de desejos, e influenciou de maneira profunda a constituição de sua escala de valores. Contudo, penso que seria um equívoco interpretar que Emma confunde a literatura com a vida. Em minha opinião, não se trata tanto de que a confunda como de que sobreponha a literatura à vida, criando assim uma divergência — um olhar quebrado — que atua como um duplo código. Esse olhar faz com que Emma veja a vida e, ao mesmo tempo, a possibilidade de outra vida.

Madame Bovary parece condenada a um olhar esquizofrênico através do qual enxerga a realidade e, ao mesmo tempo, a possibilidade de outra realidade melhor (sempre segundo sua escala de valores). Nesse sentido, o personagem de Flaubert se distancia do modelo de Cervantes, com o qual tão amiúde é relacionado. Dom Quixote não enxerga duas vidas, mas apenas uma, feita — fundida — com o barro misturado do real e do fictício: o *bacielmo*[28]. Não vê os moinhos e a possibilidade de que eles sejam gigantes: vê gigantes no gigantismo dos moinhos, e somente no fim de sua vida recupera os dois olhares e, portanto, a consciência da realidade. O olhar de Dom Quixote é um olhar único. A literatura não é para ele algo que se sobrepõe à realidade, mas que a desaloja. Em ambos personagens a realidade virtual experimentada na leitura é semelhante, mas o retorno ao real se produz de modo muito diferente. Dom Quixote confunde os livros com o mundo. Emma descobre nos livros outro mundo. E é a possibilidade desse outro mundo que determina sua trajetória. Quando Emma retorna ao real, sua experiência virtual será a causa do seu desassossego interno. A realidade parece-lhe sempre diminuída ao ser confrontada com essa outra realidade melhor que Emma interiorizou por meio das leituras românticas. Esse desassossego produzido pelo choque entre o real e o melhor é, no meu entender, o que permite a Flaubert — um realista que não consegue sufocar o seu romantismo — dizer: "Madame Bovary sou eu". Desassossego que no autor resolve-se mediante a escritura e em sua personagem, mediante o adultério: uma possibilidade ao seu alcance de viver duas vidas, a possibilidade de passar a uma vida melhor.

No retorno ao real, o real resulta incômodo, sobretudo quando a experiência virtual foi agradável, autogratificante, ensimesmada. Ocorre o mesmo que ao despertar de um sonho prazeroso. Quando Emma conhece Charles sente-se, a princípio, incomodada, irritada, mas essa mesma irritação — nos diz o

---

28 A palavra "bacielmo", no original espanhol *"baciyelmo"* é uma criação de Cervantes, contração de "bacia" e "elmo" e aparece no primeiro livro de *O engenhoso cavaleiro D. Quixote de La Mancha* (de 1605), no capítulo XLIV, nas palavras de Sancho Pança. (N. do E.)

narrador — leva-a ao autoconvencimento de que "por fim possuía aquela maravilhosa paixão que até então fora para ela como um grande pássaro rosa planando no esplendor dos céus poéticos". Perante uma presença que interfere no prolongamento da felicidade virtual, a solução de Emma é lógica: primeiro se irrita, depois a idealiza, a torna melhor, a faz sua (como um rei Midas que transforma em ouro tudo o que toca); a virtualiza, ou seja, transfere a ela sua virtude. Lê o mundo a partir de sua experiência como leitora: aproveita o que lhe convém, transforma o que a irrita; e aquilo que não pode transformar nem aproveitar (o dinheiro, as dívidas), ignora. Do mesmo modo atua o leitor que pula páginas de um livro, exercitando assim um direito invocado por Pennac[29] — e também por Lacan[30] —, e que não é mais que o direito a afirmar que fora de si mesmo não existe nada, ou seja, somos nossa própria avareza.

A LEITURA COMO APRENDIZADO

Embora o que possamos chamar de "conhecimento virtual" que a leitura procura seja suspeito para Sócrates, e tenha sido tradicionalmente denunciado como um dos perigos da leitura de romances (fala-se de quem "aprendeu tudo nos livros" para dizer que a pessoa "não é confiável" ou "não sabe nada"), existe outra linha de pensamento que enxerga nesse conhecimento um dos

---

29 Daniel Pennac é um escritor francês, nascido em Casablanca, no Marrocos, autor de romances, ensaios, livros para jovens e para crianças, entre eles, *Como um romance* (1992) e *Diário de escola* (2007). (N. do E.)

30 Jacques-Marie Émile Lacan (1901-1981) foi um psiquiatra, filósofo e psicanalista francês, intérprete original e importante da obra de Freud. (N. do E.)

seus principais valores e aponta a leitura de novelas ou narrativas como um dos instrumentos de acesso ao saber de maior relevância para o indivíduo. Por meio da leitura, alega-se, conhecemos mundos que de outra maneira não conheceríamos e temos acesso ao patrimônio acumulado da humanidade: desde a Grécia de Alexandre às teorias sobre física moderna. Esse conhecimento que adquirimos por meio da leitura é suscetível de aplicação prática. Até mesmo os mais refratários em aceitar a utilidade da leitura estão dispostos a admitir que ela proporciona, ao menos, um maior domínio da linguagem, que se traduz numa melhor capacidade do leitor frente ao não leitor. De todo modo, a leitura de ficção é celebrada com frequência como uma forma de compreender os mecanismos da conduta humana, as tensões emocionais e sentimentais, as chaves dos comportamentos individuais e coletivos, o que reverteria em uma maior capacidade para se desenvolver na vida cotidiana.

Sem questionar que assim seja, interessa agora averiguar, focando no campo da narrativa, se esse conhecimento que a leitura procura se distingue particularmente daquele que proporciona a experiência direta do mundo e dos homens. Para isso nos será útil estabelecer o seguinte paralelo:

Nos anos 1940, foi colocado em andamento um programa de formação de pilotos que consistia em uma ficção de voo na qual eram simuladas de modo fiel as condições de um voo real. Nele, os aspirantes aprendiam a dominar o instrumental com o qual deviam se familiarizar e a reagir adequadamente, conforme as condições apresentadas em cada momento. Simulavam decolar, aterrissar, responder a uma avaria, adaptar-se a uma turbulência inesperada e a outras "cenas" verossímeis. Ao sair da cabine, os aprendizes eram informados sobre sua atuação, e ficavam sabendo dos desastres que poderiam ter ocorrido se de fato algumas daquelas manobras erradas tivessem sido realizadas. Em outras palavras, ficavam sabendo que haviam "lido" mal, e que essa "má leitura" teria provocado um acidente se o voo fosse mesmo real.

Permitam-me continuar com essa comparação entre a leitura de um texto narrativo e a simulação de voo. Em ambas as situações o "leitor" lê uma representação do real — em um caso mediante instrumentos técnicos e no outro mediante palavras — e aprende a se situar dentro dela. A diferença reside em que, enquanto o aprendiz de piloto é julgado por alguém, que o ensina, o leitor sai da cabine de texto sem que ninguém aponte se ele se estatelou contra o chão ou não, se efetuou ou não um voo mais longo do que seria permitido pelos tanques de combustível.

O problema da leitura silenciosa é constituído pela solidão do leitor. O leitor entra no espaço da leitura como o aprendiz de piloto entra numa cabine de simulação. Dali dirige um mundo, constrói ou reconstrói o mundo que o texto propõe. O painel de instrumentos é o texto, e o leitor o decifra sem nenhuma garantia de que sua interpretação seja a correta. O próprio ato de ler solitariamente, em silêncio, leva ao perigo a que estamos nos referindo: cair no *abusus*[31], "apropriar-se" do texto, nesse caso do romance, e ler apenas aquilo que convém. O problema é de intensidade: a questão seria a de habitar em outra história, recordando — o lembrete de Sócrates — que essa história não está acontecendo de verdade ao leitor, ou seja, que o voo não é real. Em outras palavras, mais professorais: lembrando que o pacto de ficção é apenas isso, um pacto.

---

31 Em latim no original, da expressão *Abusus non tollit usum*, ou seja, o abuso não tira o uso. (N. do E.)

O FALSO PACTO DE FICÇÃO

Acontece, na realidade, que esse famoso pacto da ficção não é sequer um pacto, pois todo pacto exige um compromisso, e um compromisso requer a presença de alguém que possa denunciar sua ruptura ou seu descumprimento. Os teóricos que falam do pacto de ficção acreditam que esse pacto se dá entre o leitor e o texto, mas isso não deixa de ser uma falácia, pois o texto mal pode reclamar ou denunciar as desistências ou abusos do leitor.

Costuma-se arguir que essa incapacidade por parte do texto não corresponde. Que o texto tem, e inclusive exerce, essa capacidade, manifestada na aversão que gera no leitor quando ele não cumpre com seus próprios deveres. É verdade que quando um leitor não aceita que Gregor Samsa[32] acorda uma manhã transformado num inseto, pode-se dizer que o texto o expulsa, mas isso só ocorre na medida em que entendamos que o que na verdade expulsa o leitor é a sua incapacidade de reconhecer uma convenção sócio cultural. O que equivale dizer que o leitor já foi previamente expulso do texto.

Os fundamentalistas do chamado pacto de ficção tentam solucionar as dificuldades desse falso pacto alegando que é lhe característico a suspensão do juízo por parte do leitor; ou seja, igualam por baixo os pretensos pactuantes, leitor e texto, negando-lhes a ambos a capacidade de emitir juízos. Parecem esquecer que um juízo ou opinião suspenso provisoriamente

---

32 Personagem principal da novela *A metamorfose* (*Die Verwandlung*, publicada em 1915) do escritor de língua alemã, nascido em Praga (então pertencente ao Império Austro-Húngaro), Franz Kafka (1883-1924). Gregor Samsa — que certa manhã desperta, de um sono agitado, transformado numa espécie monstruosa de inseto — tornou-se o personagem mais conhecido de Kafka, autor também de, entre outros, *O processo*, *O castelo* e *Um artista da fome*. (N. do E.)

A DOENÇA DE LER 43

e suscetível de ser recuperado a qualquer momento de acordo com a vontade é qualquer coisa menos um juízo suspenso, a não ser que, como leitores, acreditemos efetivamente em que, quando o poeta fala das pérolas na boca de sua amada, ele esteja realmente falando de pérolas.

Para poder ler, sem repudiá-lo, que um herói mata de um só golpe de espada a sete de seus inimigos não é necessária nenhuma suspensão do juízo. Pelo contrário: é preciso ser mais judicioso que de costume, já que é preciso aceitar que essa leitura só é possível graças ao pacto — este sim, cabal — que cada um estabelece com a linguagem, ou seja, com os outros. O pacto que me permite ler que Gregor Samsa acordou uma manhã transformado em um inseto não é um pacto entre o leitor e o texto, mas um pacto entre o leitor e o seu entorno social e cultural. Um pacto não exatamente extraliterário mas supraliterário, que bem poderíamos identificar como aquilo que reconhecemos tradicionalmente por cultura, entre cujos conteúdos, firmados pelo leitor durante o seu processo de socialização, se encontra a convenção de que nas fábulas os tapetes voem ou os animais falem.

A teoria do pacto da ficção descansa sobre um mal-entendido: a confusão entre o ato de ler que, como foi dito, costuma ser, a partir sobretudo do surgimento da imprensa, um ato solitário e a atividade de ler, erguida sobre uma base comum, o social. Para dizê-lo de outro modo: o pacto da ficção tende a ver a leitura como uma relação entre dois elementos, o texto e o leitor, esquecendo que a leitura exige sempre um terceiro elemento: o contexto social no qual essa leitura tem lugar. No fundo desse mal-entendido subjazem as "profundas" crenças que entendem a consciência individual como produto do diálogo do indivíduo consigo mesmo, um diálogo no qual o externo, o contexto real, não passaria de um pretexto que, chegando a um extremo, se vive como incômodo, interferência ou grosseria (essa grosseria que o real tem sempre para "almas delicadas", como bem explica Ruth a Martin Eden ao lhe falar sobre Swinburne). Na leitura solitária e silenciosa esse mal entendido encontra terreno propício pois, como já apontamos, permite ao leitor sentir-se dono das palavras, apropriar-se delas. Essa apropriação costuma ser expressa pelos leitores quando dizem ter encontrado no livro sentimentos ou pensamentos que eles mesmos sempre tiveram, mas que nunca haviam conseguido verbalizar. A leitura, nesse sentido, seria algo como uma restituição que o texto faria ao leitor de algo que ele já possuía de forma proteica. A leitura — o texto — se limitaria a dar consciência dessa posse prévia e lhe dar forma. O leitor, nesses casos, sente-se adivinhado pelo texto, despido e agasalhado ao mesmo tempo. Não é estranho que, como consequência, tente divinizar o autor e sacralizar a leitura.

A leitura silenciosa de ficções (e talvez com a lírica ocorra algo semelhante, embora, evidentemente, comporte suas próprias exigências), implica nesse movimento narcisista de ler a si mesmo no texto, e na tentação de servir-se da leitura como mera confirmação do próprio "eu". Mas essa assimilação entre o "eu" e o texto, própria do que tem se chamado leitura adolescente, não é uma qualidade da leitura em si mesma. Quando essa doença acomete, é sinal de que, no leitor ou na leitora concorrem circunstâncias biográficas, e portanto sociais, que desequilibram, alteram, interferem e perturbam suas leituras.

Frente a esse impulso narcisista, a leitura propõe, por sua vez, um forte movimento de saída rumo ao exterior. A princípio, ler é também um encontro com os outros, ou melhor, com representações dos outros, e nesse sentido, ler é aprender a conhecer as chaves dessa representação do outro. Ou ao menos deveria sê-lo.

A OPERAÇÃO DE LER

UMA GEOLOGIA DA LEITURA

Quando lemos um texto narrativo coloca-se em marcha um complexo processo mental multidialógico no qual irão intervir, de modo simultâneo, quatro níveis de leitura que, desde uma perspectiva analítica, podemos tentar delimitar e analisar.

a) O textual
b) O autobiográfico
c) O metaliterário
d) O ideológico

O textual. A leitura textual corresponde ao decifrar do texto narrativo enquanto código linguístico, com a atribuição de significados aos signos que o texto oferece. Um texto narrativo —utilizamos aqui a definição de Claude Bremond[33] — consiste em um discurso que integra uma sucessão de acontecimentos de interesse humano na unidade de uma mesma ação. Um texto narrativo são palavras, signos ortográficos, frases, sequências, histórias, personagens, descrições, diálogos, reflexões, é uma ordem e um ritmo, uma composição, um tempo, um espaço, uma estrutura. Um texto é um artefato significativo que constrói um sentido que a leitura trata de desentranhar, desenter-

---

33 Ver, de Claude Bremond, *Logique du recit*. Paris: Seuil, 1973. Ver também "La logique des possibles narratifs". Em *Communications*, 8, 1966, pp. 60-76. (N. do E.)

rar. No texto estão o que é dito e o que o texto diz com esse dizer — e essa distinção costuma coincidir com o que o narrador diz e com o que significa que esse narrador nos diga isso que diz. O texto narrativo ativa a língua por meio desse fato de fala que chamamos narração. No texto narrativo, as palavras deixam de ser possibilidade de significado para devir significado. Os textos são uma proposta de significado e, nesse sentido, são uma proposta de realidade.

Ler um texto não é tarefa simples, requer competência. Requer atenção, memória, concentração, capacidade de relação e associação, visão espacial, certo domínio do léxico e sintático da língua, conhecimento dos códigos narrativos, paciência, imaginação, pensamento lógico, capacidade para formular hipóteses e construir expectativas, tempo e trabalho. Um texto é um *constructo* que é preciso desconstruir e reconstruir e isso exige esforço, embora não signifique que seja isento de prazer. Ler não é resolver uma palavra cruzada, mas é sim encontrar um sentido. O sentido não é a famosa mensagem da qual tanto se falou (ou mal falou) em outros tempos, ou melhor, não é uma mensagem que se desate do texto, mas a mensagem que é. O sentido do texto não é algo que se acrescente ao texto, é, repito, o próprio texto. O texto é a parte invariável da leitura, o seu pilar, e o espaço comum de todas as leituras, e o fato de que estas sejam variáveis e diferentes não procede de nenhuma qualidade imanente mas sim, como veremos, dos diversos fatores que se cruzam e entrecruzam durante o processo de leitura.

O autobiográfico. O "eu" pode ser entendido como uma narração. A noção de si mesmo como noção narrativa na qual a pessoa ocupa sem dúvida o papel de protagonista e relator, mas também, e sobretudo, o papel de leitor. Um leitor não tanto privilegiado como interessado, com interesses. Cada um é o herói (ou anti-herói) da sua própria novela, mas, repito, é antes de tudo o seu próprio leitor. Chamamos essa leitura de leitura subjetiva, se bem que o que chama a atenção é que o instrumental dessa leitura — assim como o de qualquer outra — é objetivo, alheio, social. Nos lemos "externamente" por meio da categoria que encontramos no entorno social, embora a interiorização desse código narrativo nos faça pensar o contrário. Nessa leitura integramos, por aceitação ou repúdio, as leituras que faz de nós mesmos o tecido social que nos rodeia: família, trabalho, amizades, afetos, etc. A matéria da narração autobiográfica são as vivências experimentadas como história pessoal, a memória plasmada narrativamente em lembranças e esquecimentos. A lembrança como ato da memória — a memória rememorada — e o esquecimento não tanto como "inconsciente" mas como memória não memorável. A parte reconhecível do iceberg e o volume sob a água que intervém em sua deriva ou sua navegação. Ao seu lado, essa espécie de memória futura que constituem as nossas expectativas e a estranha latência das possibilidades não vividas.

A narração autobiográfica pode ser (é) narração manipulada enquanto é narração "desejada", alterada em maior grau pela "consciência falseadora", mas, ao mesmo tempo, essa manipulação nunca é capaz de anular a presença, mesmo que latente, do "texto autobiográfico": os fatos de nossa vida. O confronto entre a leitura do "eu" e a leitura textual se realiza em níveis que podemos agrupar em três grandes núcleos: as palavras, as ações, os valores. As palavras que constituem o texto, as ações que se constroem com essas palavras e com as que se constrói a trama narrativa, e os valores que se revelam por meio das palavras e ações.

Sabe-se que as palavras têm duas biografias: uma histórica, dentro da História da língua da qual se trate, e outra pessoal, relacionada com as nossas vivencias autobiográficas. Naturalmente, nos referimos aqui aos significados das palavras. Toda pessoa, por meio do seu entorno, entra em contato com o significado social das palavras, com a norma dos significados, que é dinâmica à medida que a todo momento há mudanças sendo produzidas e transformações no sistema semântico, mas que é estável em cada momento sincrônico determinado. O conhecimento dessa norma está relacionado com o entorno familiar, educacional e cultural de cada indivíduo, quer dizer, com a sua posição social e, nesse sentido, não é pessoal. O que sim é pessoal, mesmo que em última instância seja determinada por padrões sociais, é a vivencia autobiográfica de cada palavra em relação a cada homem ou mulher — leitor — concreto. Ou seja, para cada pessoa concreta, cada palavra terá, ou pode ter, uma carga semântica personalizada, que atuará de maneira singular quanto à norma semântica geral, criando, assim, sejam conotações pessoais, sejam particulares alterações relevantes nos significados. Nesse sentido, todos poderíamos traçar uma autobiografia de nossas palavras, e somos portadores de um dicionário relativamente autônomo perante o geral significado da língua.

No texto público — publicado — oferece-se uma realidade para compartilhar e, portanto, algumas palavras que podem ser compartilhadas. O processo de escrita resolve a tensão entre a linguagem privada do autor (mais de que privada teríamos que falar de pessoal) e a linguagem pública ou comum, e dessa resolução nasce o texto como proposta de leitura, ou seja, como proposta para compartilhar. Mas, para além do texto, acontece que o leitor, durante a leitura, coloca em marcha através dele a autobiografia de suas palavras, e esse fato pode desatar desencontros e quebras na proposta de realidade compartilhada. Pode, inclusive, impedir esse encontro se o leitor não for capaz de incorporar, ao seu particular código linguístico, os significados que lhe são oferecidos na narração textual.

Sobre a base desse desencontro autobiográfico — que sem dúvida acontece em maior ou menor grau em toda leitura, já que cada palavra tem ressonâncias diferentes para cada leitor —, tem se tentado criar teorias difusas sobre a literatura como *constructo* incomunicável; fazendo derivar a função do texto literário — sobretudo o poético — da expressão, e tudo isso dentro de uma moldura radicalmente individualista na qual o escritor — e portanto o texto — expressa um mundo próprio, íntimo e intransponível — ou seja, inefável — cujo único caminho de acesso seria a empatia do leitor. Esse final para o qual na realidade se aponta seria uma sensibilidade especial (superior) — inefável por sua vez — que permitiria ao leitor, como "irmão de alma" do autor, compartilhar seu mundo, o que eleva (reduz, seria o termo mais adequado) a leitura a uma espécie de comunhão das almas, e produz uma visão da literatura e do literário muito semelhante à de um corpo místico, laico, mas sagrado, no qual apenas uns poucos "eleitos" teriam acesso. Essa seleta irmandade da alma, que sob tão desinteressada linguagem esconde uma verdadeira irmandade de classe e de status, constrói o seu critério de admissão sobre uma base não refutável — a sensibilidade especial que não é comunicável ou mensurável, apenas reconhecível — e portanto inatacável porque não razoável (não sujeita a razões). Critério que estaria baseado numa concepção fechada e ensimesmada da leitura, que pode ser estendido para uma concepção semelhante da vida pessoal, em particular, e da vida humana em geral.

A presença de uma semântica autobiográfica produzirá um atrito entre os significados comuns e os significados individuais, estabelecendo-se assim durante a leitura uma tensão interna, à qual viria somar-se o fato de que o estabelecimento do significado comum, compartilhado é por sua vez um processo complexo que recolhe as lutas reais que se produzem em outros níveis — social, econômico, político — na comunidade linguística.

Algo semelhante ocorre no plano que corresponde às ações representadas no texto narrativo quando se trata de compreender como se efetua no leitor a atribuição de significado às ações que a narração textual veicula, entendendo por ação um fato que provoca consequências. (No espaço narrativo tudo é ação, uma vez que tudo acarreta consequências significativas, mas aqui nos ateremos a aquelas ações dos personagens que tenham consequência sobre a ação de outros personagens, incluindo de maneira relevante o fazer narrativo do narrador.)

O leitor enfrenta as ações que no texto se oferecem a partir de duas atitudes que, mesmo estando estreitamente ligadas, parece conveniente apresentar com óticas diferentes. Por um lado, a mais óbvia, permanente e ativa: sua moral pessoal; por outro, o seu código de admirações, muitas vezes contrário à sua atitude moral. Assim, o leitor pode ser contra a corrupção, mas não consegue deixar de admirar o conde de Monte Cristo[34] quando ele corrompe o funcionário dos telégrafos a fim de arruinar o seu inimigo. O grau de comprometimento do leitor em relação às ações que o texto mostra parece estar diretamente ligado à maior ou menor distância que essas ações mantém com suas possibilidades de ação reais ou fantasiosas, passadas, presentes ou futuras[35].

---

34 Referência ao livro *O conde de Monte Cristo* (1844), uma das mais populares obras de Alexandre Dumas, pai (1802-1870). (N. do E.)

35 Existe aquela frase: "Quem lê romances com mais de 40 anos é um imbecil", que para além de seu caráter simplório, parece refletir alguns dos traços da leitura que

Por outra parte, e considerando que a narração autobiográfica está estreitamente relacionada com o entorno social no qual tem lugar essa biografia, parece claro que os fatores sociais, econômicos, de gênero e culturais, por meio da dita narração do "eu" são elementos que intervém em maior ou menor escala no processo "íntimo" da leitura.

O metaliterário. Diz o mestre Leo Spitzer[36] que "ler é ter lido" e essa afirmação parece um ponto de partida adequado para falar dessa modalidade de leitura que chamaremos de literária ou metaliterária, por estar diretamente relacionada com a história da literatura em geral e com a história leitora de cada leitor concreto. Enquanto lê, cada leitor projeta a leitura da narração textual e concreta sobre aquelas outras leituras literárias que acumula e que formam o que podemos chamar de sua biografia literária. E assim, um leitor que lê *La Regenta* (de Leopoldo Alas) "relê" mentalmente aqueles outros romances que, como *Anna Karienina*, de Tolstói, ou *Madame Bovary* mantém concomitâncias, ao menos temáticas, com a leitura que está levando a cabo. Da mes-

comentamos. Querendo entender que o que realmente se está estabelecendo com essa fronteira dos 40 anos, possivelmente que nessa idade a biografia já deixou de ser "uma possibilidade", cabe encontrar alguma lógica no enunciado, pois, se assim fosse, sem dúvida o fator fantasioso de que anteriormente falávamos teria perdido potência enquanto motor da leitura. E não deixa de ser curioso que essa frase encontre o seu complemento em outra: "A partir de certa idade, só releio", que dá a entender que a releitura cumpre um papel semelhante ao de um balanço biográfico ou uma aceitação do "já tudo passou". Não seria portanto a falta de projeto o que reduz o ânimo leitor, mas a falta de projeto fantasioso.

36 Leo Spitzer (1887-1960) foi um renomado linguista e crítico literário austríaco, autor de *Linguistics and Literary History* (1948), *La enumeración caótica en la poesía moderna* (1945) e *Essais on English and American Literature* (1962), entre outras obras. (N. do E.)

ma maneira que o leitor que está lendo *Ao farol*, de Virginia Woolf, "relê", pela identidade de recursos técnicos, como o monólogo interior, o *Ulysses* de Joyce ou *Enquanto agonizo*, de Faulkner, ou outro leitor encontra ecos de *O vermelho e o negro* de Stendhal enquanto lê *Últimas tardes con Teresa*, de Juan Marsé[37]. A leitura cria ecos de outras leituras. Um personagem nos lembra de outro. Um recurso narrativo nos remete a outro romance em que havia sido utilizado de forma semelhante. Uma descrição evoca outra. A frase curta e seca presente na obra que lemos nos lembra do tipo de frase de outro autor. Cada leitura se move numa constelação de leituras prévias.

Evidentemente, a quantidade e o grau de ecos, relações, associações e equivalências que um leitor encontra durante a leitura de uma narrativa concreta estão diretamente condicionados pelo que denominamos a sua cultura leitora, embora fosse bom ponderar que essa cultura leitora não coincide exatamente com a "quantidade" de leituras que esse leitor some, posto que intervém também um fator qualitativo que altera aquela possível identificação entre a quantidade e a qualidade. Diferença que se nota na linguagem coloquial quando se diz que alguém tem "poucas leituras, porém muito bem feitas" ou que a pessoa "mais do que ler, parece engolir".

Na verdade, o que a frase de Spitzer esconde é um critério de diferenciação intelectual entre os que leem com consciência "li-

---

37 *Últimas tardes con Teresa* é uma novela do espanhol Juan Marsé, publicada em 1966. Ambientada numa Barcelona de ricos burgueses e marginais, narra a amizade de uma jovem universitária (Teresa) e um ladrão (Pijoaparte). Juan Marsé Carbó (Barcelona, 1933) recebeu o Prêmio Cervantes em 2008, e pertence à chamada Escola de Barcelona, com Carlos Barral, Juan García Hortelano, Manuel Vázquez Montalbán, Terenci Moix e Eduardo Mendoza. É autor de, entre outros livros, *Caligrafia dos sonhos* (2011) e *Rabos de lagartixa* (2000). (N. do E.)

terária" e os que leem sem essa consciência. Sem dúvida existem diversos níveis de consciência literária, desde a do leitor "adolescente" e insensível que lê apoiado fundamentalmente em sua narração autobiográfica até a do erudito que enche sua leitura de contínuas notas de pé de página (mentais ou não), podendo chegar ao extremo de que a narração textual desapareça sob o peso dessa narração metaliterária como se os ecos encobrissem a voz.

O ideológico. A cada momento, a sociedade, a polis, como construção social, narra a si mesma. Uma narração global, mutante, dinâmica e em constante transformação, mas ainda assim é possível, em cada aqui e agora, "lê-la", tomar consciência dela. Narração ou matriz narrativa resultante de toda rede de relações que percorrem permanentemente o tecido social, desde as relações familiares ou trabalhistas até o tempo livre, as conversas privadas, a política institucionalizada, o cinema ou as revistas de moda. Um sistema narrativo global formado pelo fluxo de narrativas inscritas no conjunto social e que transportam modelos de conduta, crenças, atitudes, paradigmas, valores, conhecimentos tácitos e implícitos, prescrições, propostas, ficções, hierarquias, proibições, juízos e preconceitos, medos e esperanças, metas individuais e coletivas que se apresentam ancoradas no real, narradas por meio de fatos e personagens reais. Uma narração global que não apenas trabalha com esses materiais, como também, ao incorporar o seu próprio arco temporal, cuja amplitude é um elemento significativo e constituinte da própria narração global, não se limita a mostrar tal valor, tal crença ou tal expectativa, mas também nos oferece o seu "estado narrativo": se é um valor em alta ou não, se é uma crença firme ou colocada em questão, se é uma esperança com fundamento ou utópica, se é uma expectativa recente ou antiga, latente, atuante ou obsoleta. Contém a sincronia e a diacronia, a força e a dinâmica e poderíamos dizer que representa o cenário narrativo da realidade social. Não é um discurso, é uma narração que "se diz" mostrando-se, e, ao fazê--lo, se narra. É o espelho no qual nos vemos, mas sobretudo é o espelho que nos olha. E que, mesmo que não nos postemos diante, nos reflete e, por exemplo, nos ensina "narrativamente" que o papel do personagem Deus é hoje muito menor se comparado com o seu papel na narração política espanhola dos anos 1950, que a meta de uma revolução rumo a uma sociedade sem classes desempenha um papel insignificante na narração existente hoje, ou que o medo da morte funciona com um peso qualitativo radicalmente diferente na narração global de séculos anteriores. É a narração pela qual viajam os desejos, os sentimentos, os "estilos de vida", as rebeldias, os "inconscientes coletivos". Os dominantes, os emergentes e os residuais, com seus sistema de pesos e medidas.

A polis transformada em estado narrativo por meio de um narrador polifônico e impessoal em aparência, mas não neutro, que se deixa ouvir em diferentes vozes e por meio de muitos e diversos suportes. Cada época ou momento histórico se encena em sua narração global, e em cada momento histórico essa narração conta com os seus meios de produção e representação hegemônicos. Se ontem foi o púlpito ou a escola, hoje são os meios de comunicação de massas os responsáveis em grande medida pelo seu transporte, circulação e extensão: o rádio, o cinema a televisão, a imprensa, a publicidade, a internet.

Esse fluxo de narrações, verdadeira memória social, é o instrumento básico com que cada sociedade se visualiza, se ouve, se objetiva e se autodescreve. Mesmo sendo um fluxo extremadamente dinâmico e sensível às transformações que se produzem no entorno social, em cada momento histórico concreto resulta numa narração que tende a se apresentar como única e permanente, e cuja hegemonia se concretiza em função da correlação de forças sociais presentes no espaço narrativo global. Em espaços sociais que abrigam fraturas muito graves — a Espanha dos anos finais do franquismo seria um bom exemplo, ou o País Basco atual — a narração política pode tomar o aspecto de um romance paralelístico ou duplo, que pode vir a se fraturar, onde duas narrações contrárias ou quase antagônicas lutam por ocupar todo o espaço narrativo, sendo a narração visível a resultante das lutas dessas duas narrações. Enquanto que nas chamadas sociedades normalizadas, como teorizou Raymond Williams[38], pode-se detectar uma narração hegemônica e majoritária que convive ou pode conviver, com menor ou maior conflito, com outras narrações residuais ou narrações emergentes que, ao lhe oferecer resistência, encontram também sua realidade narrativa dentro da narração dominante. A narração global como paisagem semântica do contínuo e inabarcável presente. Uma espécie de dicionário mental ativo, em marcha, que a sociedade tece e destece sobre si mesma e que contém seu próprio relato: seu passado, seus personagens, seus conflitos, suas marcas, suas expectativas de futuro.

Pois bem, a leitura ideológica seria aquela que cada leitor concreto faz dessa narração inabarcável e que, precisamente com sua leitura, transforma em conhecível — ou abarcável —, como quem traça o seu próprio mapa de um entorno que lhe escapa mas que, ainda assim e de modo inevitável, se faz presente. A narração da polis lhe oferece os materiais e elementos

---

38 Raymond Williams (1921-1988) foi um romancista e crítico galês, um dos principais nomes da crítica cultural inglesa. Escreveu *O campo e a cidade* (1973) e *Palavras-chave: um vocabulário de cultura e sociedade* (1976), entre outros. (N. do E.)

com os quais traduzir — ler — o global em sua escala pessoal, e a partir dessa leitura que lhe provê, narrativamente, a informação sobre seu entorno, pode conceber, inferir, pensar o mundo e interiorizá-lo, conformando sua leitura ideológica. Por ideologia entenderemos o sistema de crenças que dão base e sentido às práticas sociais nas que o sujeito leitor se vê imerso. Desde a ideologia interpreta e avalia o mundo. A clássica diferenciação entre a ideologia como falsa consciência ou como sistema de crenças não é relevante para os efeitos de sua intervenção na leitura, pois será ela, ilusória ou não, a que intervirá.

Leitura ideológica enquanto a ideologia intervém diretamente na construção da leitura autobiográfica e nas relações práticas e teóricas do leitor com o literário: o que é ou não literatura, que funções cumpre a partir do ponto de vista do coletivo e do individual, ou na conformação do verossímil, do gosto e da chamada sensibilidade estética, é sem dúvida o elemento ou estrato atuante com maior peso e relevância ao longo do processo de leitura.

A TRAMA LEITORA

Ler narrativas é um processo que incorpora a leitura simultânea desses quatro planos, e o seu resultado final depende do jogo de relações que o sujeito leitor mantenha com eles. É necessário, contudo, apontar que esse jogo estará sujeito à conformação concreta de sua "trama leitora", condição prévia à leitura, pois evidentemente a leitura de um texto não se inicia quando se abre o livro, mas muito antes. Chamamos "trama leitora", ou "trama constitutiva do leitor" à resultante da soma dos traços e relações que como leitor individual mantém com os quatro planos analisados, ou seja, "seu estado de contas e hábitos" com os quais a leitura irá se inter-relacionar. O leitor, antes do ato concreto de ler um texto, está individualizado — como leitor em potencial — pela sua destreza com relação às suas competências para cifrar ou decifrar a linguagem e a sintaxe dos textos narrativos; pelos seus conhecimentos literários nos quais esses textos se integram; pelo conteúdo de sua narração autobiográfica e pelos traços que caracterizam sua ideologia ou maneira de compreender do mundo.

E isso não apenas no que se refere ao conhecimento, mas também, e muito especialmente, à atitude ou tipo de relação mantida em relação a cada um deles. No textual, não só está claro que a destreza decodificadora determinará sua leitura, mas que também o fará o caráter de suas relações gerais com ela: paixão, indiferença, reserva, obrigação ou rejeição, deixarão sua marca, sem esquecer de que ambos aspectos estarão marcados, por sua vez, pelos níveis de exigência ou expectativa que a cultura literária de seu tempo ou entorno, implícita ou explicitamente, lhe transpassa. Nesse sentido, pode-se afirmar que é essa cultura literária a que constrói como herméticas, pesadas ou entediantes algumas escritas frente a outras pretensamente transparentes, transitivas ou confortáveis, de tal modo que o que uma época vê como normal — por exemplo, uma escrita sem pontos finais — outra pode fazê-lo sentir como infranqueável, pois, no fim das contas, cada literatura educa ou deseduca também os seus leitores[39].

---

39 Por isso não deixam de ser surpreendentes algumas declarações que não enxergam nenhum conflito, pelo contrário, na "convivência" de uma literatura que podemos chamar de "pré-cozida" e outra que exige, por assim dizer, uma memória gustativa mais treinada.

No que diz respeito ao nível autobiográfico, cada biografia, obviamente, irá marcar um perfil evidente e único, já que não há duas vidas iguais, embora não seja menos certo que as vidas são mais iguais do que parece e do que a nossa identidade parece estar disposta a admitir. No processo de leitura, a narração textual funciona como uma mola que coloca em marcha a leitura que cada leitor faz de seu "eu" narrativo. Se uma narração é a compreensão de uma experiência, na medida em que o conhecimento narrativo nos coloca em uma situação de experiência ao nos introduzir no espaço-tempo que a narração propõe, a experiência própria acaba reclamada quase inevitavelmente pela narração textual, já que a partir dela podemos estabelecer um mecanismo de comparação que nos ajuda a decifrar, interpretar e atribuir valor à narração que o texto nos oferece, mas, assim como acontecia com os níveis anteriores, e como acontecerá no plano da consciência, sua intervenção no processo virá também estreitamente ligada ao caráter das relações com que cada leitor dialoga com sua leitura autobiográfica. O grau de intensidade dessa relação, o grau de aceitação ou mal-estar que gera, o grau de autossatisfação ou repúdio, o grau de autoquestionamento, de solidez, de fragilidade, o papel que concede à sorte, à herança ou à vontade, ou na medida em que seja lida como construção livre e pessoal ou como construção imposta e impessoal, são elementos que vão configurar em boa parte a textura desse plano autobiográfico.

A intervenção ativa da ideologia como compreensão do mundo, ao menos em certo grau, parece algo geralmente admitido e aceito, embora na hora de se pronunciar sobre sua relevância as opiniões sejam radicalmente díspares. Parece evidente, em todo caso, que uma maior compreensão, consciência e conhecimento do mundo e dos códigos e chaves presentes nas relações sociais, da psicologia à estética, facilitam o processo de atribuição de significados que a leitura supõe. Além do mais, convém considerar que forma parte sobressalente dessa mesma instância ideológica a atitude intelectual, o "estilo de ver a realidade", com que se leva a cabo essa leitura ou compreensão do mundo: crítica ou submissa, preocupada ou indiferente, confiante ou receosa, com adesão ou repúdio, entusiasta ou resignada, tolerante, cética ou intolerante, ativa ou passiva, assim como a distância e o grau de implicação a partir dos quais ela é contemplada.

O conjunto de parâmetros quantitativos e qualitativos desses quatro planos que podem ser adjudicados a cada leitor concreto formam o que chamamos seu "trama leitora", ou seja, o conjunto de atributos que o constituem como leitor e que dará lugar a uma leitura única e pessoal (mas não intransferível nem inefável nem impossível de objetivar).

A CAIXA PRETA

Chama-se "caixa preta" o instrumento que recolhe e registra todas as comunicações que ocorrem durante um voo, tanto entre o piloto e o copiloto quanto entre os navegadores e as estações em terra, entre os controladores e os responsáveis pelas torres nos aeroportos. A "caixa preta" registra ainda as manobras que foram efetuadas no transcurso da navegação: orientação e mudanças de rota, incidências no voo, variações atmosféricas, altura, pressão, etc. Utilizando essa caixa preta como comparação, cabe ver a leitura como um registro contínuo que processa as diferentes comunicações produzidas no interior do processo multidialógico que ocorre entre as quatro leituras que delimitamos, elaborando a cada momento da leitura uma resultante concreta do jogo de parâmetros que cada uma delas incorpora ao mecanismo leitor. Para dizê-lo de outro modo: a caixa preta seria o registro cerebral do leitor, supondo — e é o bastante para se supor — que toda a sua concentração durante o processo esteja focada de modo exclusivo na leitura.

Entendida assim, a leitura aparece como um mecanismo que pouco tem a ver com esse "diálogo entre intimidades" com o qual costuma ser comparada. Longe disso, apresenta-se como um jogo de espelhos interativo no qual o texto ou narração textual vai construindo "leitura" em função da sua refração ou reverberação simultânea sobre os outros três planos ou estratos — o autobiográfico, o metaliterário e o político — que atuam durante o processo. Tratar-se-ia de um movimento mecânico, mas altamente complexo, no qual os resultados parcial e total vão depender da diferente qualidade e conteúdo dos materiais narrativos que intervém. Sem dúvida, a qualidade do texto — seu peso e densidade, para continuar com a imagem mecânica — vai determinar as características daquela refração contra o círculo ou câmara elástica formado pelas outras três leituras que durante o processo ocorrem, do mesmo modo que a qualidade de cada uma delas — seu peso, textura, densidade e elasticidade — deixará sua marca no jogo de reflexos, refrações, encontros e transferências que ao seu redor aconteça.

Atendendo a esse mecanismo, poderia estabelecer-se como modelo de leitura ideal, pelo menos dentro de uma comunidade que pretenda que a leitura, para além de ser um meio de satisfação individual, contribua com a formação de uma cidadania crítica e democrática, aquela na qual a narração textual — com sua correspondente densidade, peso e elasticidade — encontra-se com uma leitura textual competente, com uma leitura autobiográfica inquisitiva e sólida (o que não significa rígida), com uma leitura metaliterária densa e afinada e com uma leitura política ativa e forte (o que não significa monolítica). Perante uma "trama leitora", como essa, o processo de leitura torna-se um mecanismo extremamente dinâmico, intenso e fértil. Dinâmico porque o jogo entre elasticidades e resistências acelera os intercâmbios entre os quatro elementos; intenso porque uma ampla reverberação mútua faz com que cada uma delas incida com relevância sobre as outras, e fértil porque essa capacidade de incidir alterará em maior ou menor grau cada uma das leituras constituintes da trama leitora, trazendo assim para o conjunto de leitores uma melhor disposição para levar a cabo suas responsabilidades como cidadãos. A leitura aparece assim como um relato, como a narração mental que levamos a cabo enquanto lemos.

Mas, assim como nas máquinas de fliperama conhecidas como *pinball*, a bola de metal põe para funcionar o jogo, corresponde à narração textual, ao texto, o papel de motor, de arranque e fonte de alimentação de todo o processo, e portanto dependerá de suas características próprias a gama de possibilidades que durante o processo leitor sejam produzidas. Um texto ininteligível (para um leitor concreto) irá bloquear a partida; um texto de escassa potência (e neste caso chamamos de escassa potência a sua pobre capacidade para "despertar" a trama leitora) apenas produzirá um fraco jogo de intercâmbios ou refrações significativas, enquanto um texto de alta potência irá produzir um feixe de fluxos interativos de alta intensidade e complexidade no qual o movimento de confronto pluridialético e simultâneo exigirá que o leitor desdobre suas mais altas capacidades intelectuais: a capacidade de associação, a memória, o pensamento dedutivo e indutivo, a capacidade de síntese, a elaboração de hipóteses e expectativas, o julgamento, a deliberação, a visualização espacial, a compreensão temporal, a capacidade de contraste, o reconhecimento das convenções, o pensamento abstrato, etc. Qualidades e capacidades que tornam difícil aceitar a famosa premissa do pacto de ficção[40] em relação à não menos renomada afirmação sobre a suspensão do juízo. Se toda narração é, como pensamos, "a argumentação de um argumento" por meio de uns determinados materiais narrativos — personagens, ações, descrições, narrador, espaço, tempo — teríamos de considerar que, pelo contrário, o que a leitura de uma narrativa faz é intensificar o juízo, e não suspendê-lo; um juízo que tem de saber construir além do contexto — literário —, no qual lhe é pedido que atue, adaptando-se a ele mas não se suspendendo ou desaparecendo.

Além do mais, quando o mecanismo de inter-relação e refração entre as quatro leituras funciona com a intensidade adequada, esse jogo de multileituras atuará como sistema de prevenção dos possíveis desequilíbrios leitores, fazendo com que nenhum dos quatro níveis monopolize o diálogo plural e contínuo que entre eles se estabelece ou que tome para si um papel hegemônico no processo: a tentação de se deixar levar pela leitura autobiográfica será amortizada pela intervenção da leitura política; a leitura política enviesada será corrigida pela leitura metaliterária; esta será refreada pelas já mencionadas, e a mera leitura textual poderá salvar-se da tentação formalista pela pressão constante do conjunto. Outra questão seria imaginar se tal modelo de leitura é possível nas condições sociais e culturais hoje existentes.

---

40 Ver "A doença de ler", página 17.

CONSTANTINO BÉRTOLO

O DEUS LEITOR E OUTROS LEITORES

Pelo menos desde Guilherme de Ockham[41] sabemos que o homem leva dentro de si a tentação de sentir-se Deus: Uno e Todo. A imaginação humana o permite, e a ideia humanista do indivíduo dotado de livre arbítrio ou a tradição filosófica que afirma a visão do mundo como "vontade", tão presente no hegemônico imaginário coletivo e individual que hoje atua, facilitam esse sentimento. Nada de estranho tem, portanto, que, a partir de sua condição de silencioso e solitário, o leitor se sinta o dono do universo que comprou na livraria ou no supermercado. Acomoda-se no sofá e submerge num universo alheio e próprio ao mesmo tempo. Entende que o livro é apenas a figura de barro que não ganhará vida até que alcance o sopro de sua leitura. Agora ele é o dono do livro. Pode dar-lhe vida ou tirá-la (basta fechar o livro), condená-lo ou salvá-lo (gostei ou não gostei). O leitor sente que as palavras do livro são suas palavras. Enquanto lê não precisa de ninguém. O livro lhe oferece a possibilidade de viver outras vidas, de transportar-se a outros tempos e espaços. A leitura como um adultério sem riscos. O sonho do adultério — viver duas vidas — se torna realidade. O sonho do espião — viver duas vidas — se

---

41 Guilherme de Ockham (1280-1347) foi um frade franciscano e filósofo escolástico inglês. Ligado ao nominalismo e ao empirismo, defendia a separação entre a filosofia e a teologia, crença e razão. É sempre relacionado ao princípio da "navalha de Ockham", máxima da Filosofia da Ciência que defende a simplicidade, a parcimônia, isto é, que entre duas teorias, a melhor é a mais simples, a que envolve o menor número possível de fatores para explicar o fato em análise. (N. do E.)

cumpre. O sonho do *voyeur* — viver duas vidas — se torna realidade. Sem risco de escândalo, prisão ou condenação. O sonho de ser Deus — viver duas vidas: e fez o homem a sua imagem e semelhança — se cumpre. Claro que ele logo deve voltar à vida real, com suas tarefas, tédios, esperanças, afetos e desafetos, problemas e paixões, sonhos e temores. Mas é possível recuperar o paraíso perdido por uma soma modesta. Bastam algum dinheiro e um pouco de solidão.

Se bem essa imagem do leitor como um Robinson Crusoé[42] isolado que é feliz nessa ilha perfeita que a leitura lhe entrega — náufrago a salvo dos outros possíveis naufrágios da vida cotidiana — parece ter se estabelecido como imagem ideal em nossa (e quando digo "nossa", digo classe média ocidental) história cultural; não é menos verdade que como ser social o homem se constrói com, entre ou contra os outros, e em meio a um habitat, uma polis, que interfere na organização, configuração e leitura dessa narração própria na qual o "eu" se reconhece, e a partir da qual ele mesmo atua sobre esse habitat que, se de um lado o limita, de outro o alimenta e que, enquanto leitor, não só dispõe e predispõe as leituras ao seu alcance, como lhe transfere, por meio do processo de socialização, pautas que não deixarão de afetar o "solitário" ato de ler, ao compor uma espécie de poética da leitura estreitamente ligada ao entendimento do que seja a literatura e o que cabe esperar ou encontrar nela.

O "eu" leitor que se dispõe a abrir um livro, uma ficção narrativa concreta, leva consigo uma geologia ou trama leitora constitutiva na qual sua competência para decifrar a linguagem

---

[42] *Robinson Crusoé*, publicado em 1719, é um romance de Daniel Defoe (1660-1731), escritor e jornalista inglês, autor também de *Um diário do ano da peste* (1722) e *Moll Flanders* (1722). (N. do E.)

e os códigos narrativos, a leitura que faz de si mesmo, seus conhecimentos literários e sua leitura ou consciência do mundo são elementos chamados a intervir com especial relevância nessa complexa atividade que é ler. Uma trama constitutiva pessoal que dará lugar a uma leitura pessoal, diferente de todas as outras possíveis. Cabe dizer, portanto, que de um determinado texto narrativo, pois, como foi dito anteriormente, a textos narrativos limitaremos o alcance destas reflexões, haverá tantas leituras quanto leitores. Dessa evidência se pretende, com frequência, no entanto, extrapolar algo mais questionável: a inexistência de um texto único, aceitando-se um desvio falso e fantasioso: num texto há tantos textos como leitores. Dessa afirmação, hoje bastante generalizada, se conclui precipitadamente a relatividade de toda interpretação e passa a se falar de "obra aberta" e da falta de legitimidade do juízo leitor enquanto este seria somente uma manifestação pessoal, meramente subjetiva, tão válida — no que tange à sua "verdade" — como qualquer outra. Haveria assim leituras e leitores mais interessantes, mais "inteligentes", mais "originais", mas esse *plus* nunca teria relação com "mais" verdade. Não existiria uma leitura mais verdadeira que outra.

Essa afirmação, que afeta a instituição da crítica e a determinação de suas funções, é uma falsa verdade, embora sua falsidade não seja sempre refutável. Existem leituras erradas que podem ser demonstradas, mas certamente, em muitas ocasiões, e inclusive no caso de leituras contrapostas, fica difícil emitir um julgamento fundamentado sobre sua veracidade, em função de que, por um lado, o conceito de verdade ou veracidade levado para além do âmbito da ciência parece carregado de ambiguidade e, por outro, de que o próprio objeto interpretável, a obra narrativa, reúne características que acentuam essa dificuldade. Paul Feyerabend[43] sustentava, e acredito que seu comentário reflete bem a índole do problema, que "uma palavra não acaba em si mesma, uma palavra é confusão dada a relação confusa e dinâmica que se estabelece entre palavra e realidade, por isso a literatura orienta na confusão". A partir dessa colocação, entendendo por verdade a adequação de uma proposta a um estado de coisas, já não se trataria de avaliar a quantidade de verdade de uma leitura perante a outra, mas de tentar verificar a maior ou menor capacidade de orientação de cada uma delas. Isso por sua vez nos remete a um problema anterior: orientar-nos em que direção?, sendo evidente que o tipo de resposta estabelecerá os parâmetros necessários para a verificação. Desse modo, a comunidade, os leitores ou o leitor que não sintam a necessidade de ter de ir em nenhuma direção poderão rejeitar esse critério como sistema de avaliação das leituras, e poderão manter a crença relativista de "tanto faz uma interpretação quanto outra", embora devessem aceitar, mas eles rejeitam, que *a contrario sensu*, quem não requer orientação está assumindo e deixando-se guiar pelas coordenadas dominantes, pois não existe bússola que não implique mapa. Estranhos deuses são esses que para não perder a condição divina têm de aceitar entre os seus atributos a passividade suprema da cortiça que flutua.

Mas demos aos deuses o que é dos deuses e fiquemos os humanos tentando esclarecer nossos problemas. Partindo da hipótese, que não parece temerária, de que, como membros de uma realidade social, buscamos orientações que nos permitam entender como funcionam — causas e consequências — as diversas relações

---

43 Paul Karl Feyerabend (1924-1994) foi um filósofo da ciência austríaco, conhecido por sua visão anarquista da ciência. Seus principais livros são *Contra o método* (1975), *Adeus à razão* (1987) e *Diálogos sobre o conhecimento* (1991). (N. do E.)

sociais com, entre ou contra as que, como seres sociais e individuais se abrem nossas vidas concretas, parece lógico deduzir que, dado um texto narrativo, a medida será o grau de conhecimento com que cada uma das leituras ponha de manifesto a contribuição que a obra, por meio dos mecanismos próprios da representação narrativa — seja sua poética realista, simbolista, surrealista, metafísica ou fantástica — realize sobre o *modus operandi* das relações sociais que tenham lugar no cenário espaço-temporal que a ficção concreta proponha. Dito de outro modo: será melhor leitura aquela que melhor desentranhe e expresse o conhecimento narrativo que toda narração contém e transporta.

O tipo de conhecimento que caracteriza a narração provém da capacidade, na qual reside suas pertinência, de submergir o leitor num cenário no qual todas as suas faculdades intelectuais e sensoriais são colocadas em marcha e trabalham de modo semelhante — embora não igual — ao modo como acontece na vida real. O leitor de uma narração "está" nela. Vive a experiência que o texto lhe põe diante. Por isso podemos dizer que o romance é a experiência de uma compreensão. Compreensão no triplo sentido em que empregamos o verbo compreender. Como "abarcar", como "conhecer" e como "entender", o último no sentido de que alguém "pede compreensão", "Por favor, você precisa me compreender!", exigindo com isso algo mais do que colocar em marcha as faculdades mentais: "Coloque-se no meu lugar".

O conhecimento narrativo está ligado ao envolvimento do leitor nesse conhecer que a narração outorga, e por isso exige desta a capacidade de levá-lo a um espaço-tempo no qual possa formar a ideia de um estar, de um "assistir a". A narração não consiste em explicar a um leitor as circunstâncias de um acidente de carro, mas em fazer com que o leitor participe dele, seja como vítima, como testemunha ou como responsável. A narração, até certo ponto, nasce precisamente da necessidade de "exemplificar" o que se quer dar a conhecer, enquanto o exemplo é um recurso que facilita ao leitor seu envolvimento pessoal. Não é estranho que algumas das primeiras manifestações narrativas — os *Enxiemplos* de Don Juan Manuel[44] — tenham esse nome, pois o exemplo nasce do esforço por se fazer compreender. É perante a impotência ou a dificuldade argumentativa que recorremos ao "por exemplo..." ou "imagina que...". Frente a outras formas de conhecimento, como o discurso científico ou a História, o exemplo se caracteriza por levar "o argumento" ao território das vivencias do leitor, em direção ao que ele viveu ou poderá viver.

O texto é uno. As leituras podem ser muitas. Todos lemos "diferente" porque, ao iniciar a leitura, o fazemos desde posições culturais, intelectuais, ideológicas e existenciais diferentes. Em cada processo de leitura o texto, a narração textual, é lida a partir dessa trama constitutiva presente na operação de ler, na qual a sequência textual interatua e multidialoga com nossa narração autobiográfica, com nossa bagagem literária e com nosso entendimento do mundo, por meio de um mecanismo dinâmico de confrontação e inter-relação do qual se desprenderá tanto a memória do que foi lido quanto o julgamento final correspondente. Juízo final esse que sequer é definitivo, uma vez que a narração textual — nesse caso a memória do texto — continuará sendo "lida" para além do ato temporal e físico que representa terminar o texto e fechar o livro. A rememoração da leitura é um fenômeno contínuo, com maior ou menor grau de intensidade e presença,

---

44 *El libro de los enxiemplos del Conde Lucanor et de Patronio* é uma narrativa medieval espanhola, compilada e escrita entre 1330 e 1335 pelo infante Dom João Manuel de Castela (1282-1348) e formada por contos moralizantes — de várias fontes diferentes. (N. do E.)

que forma parte do processo de leitura e, como tal, submete-se ao mesmo mecanismo interativo mencionado. Cada transformação nos materiais ou elementos que constroem a trama leitora, terá seu efeito sobre o julgamento leitor[45].

É, finalmente, a qualidade da trama leitora de cada um a que determina a qualidade de sua leitura. Dito em forma de romance: "Me diga como lês e te direi quem és". Esse fato é o que permite, ao menos até certo ponto, aproximar-se da tipificação de determinadas leituras, não tanto com afã entomológico, mas com ânimo de tentar desentranhar o que existe por trás de alguns lugares comuns que, falando sobre leitura e leitores, costumam ser levados em conta.

A LEITURA ADOLESCENTE

Com esse rótulo costuma designar-se, sempre com um matiz entre paternalista e pejorativo, aquele tipo de leitura durante a qual o leitor ou leitora tende a projetar sua própria imagem sobre a narração, identificando-se com diferentes aspectos da ação narrativa ou, mais frequentemente, com um ou alguns dos protagonistas, nos quais se sente reconhecido ou descoberto. Daí ser conhecida também como leitura projetiva. Convém notar que esse mecanismo de projeção pode aparecer sob a forma de uma contraprojeção mais ou menos violenta na qual se escondem ou rejeitam aspectos autobiográficos que perturbam, irrompem ou

---

45 Por isso o valor de uma novela ou narração varie conforme o tempo transcorre ou as circunstâncias mudam. E também, que aquele livro que tanto gostamos na adolescência hoje nos pareça medíocre, ou aquele outro que nos pareceu árduo e enfadonho aos 20 anos aos 40 resulte apaixonante e imprescindível.

questionam o "eu" desejado ou desejante. O mecanismo de identificação é um reflexo leitor que se encontra sempre presente na leitura, mesmo no caso de leitores não adolescentes desde um ponto de vista biológico. Seria conveniente, pois, não reduzi-lo a um mero episódio da puberdade. Dir-se-ia inclusive que a própria estrutura do narrativo parece solicitar essa atitude do leitor, embora possa e deva distinguir-se entre o que a narração exige como gênero e aquelas narrações que se constroem de maneira deliberada contando com essa atitude por parte do leitor. Nesse caso bem poderíamos falar de narrações adolescentes e não se entenda por elas apenas aquelas — embora também — que se elaboram pensando nos leitores mais jovens. Outra coisa é que algumas narrações, mesmo sem terem sido escritas procurando explicitamente esse destino cúmplice, reúnam ingredientes que facilitem as inclinações para a identificação dos leitores mais jovens. Algo que pode ser exemplificado de maneira clara se recorremos a um texto como Robinson Crusoé, considerado um clássico da literatura juvenil pela facilidade com que o náufrago pode ser absorvido pela projeção adolescente, mesmo estando clara a pertinência de leituras mais amplas a partir das quais considerar o jogo entre culpa e expiação que o texto propõe, ou do diálogo entre artesanato e criação que ali se expõe, ou do desenvolvimento nas relações entre natureza e divindade, sem falar nos episódios em que se apontam narrativamente as tensões entre a solidão e os outros, indivíduo e comunidade, riqueza e injustiça, o bem e o mal. Contudo, uma leitura que renunciasse radicalmente à identificação primária do leitor renunciaria ao que é próprio de um romance: habitar em outra história.

O que marca a leitura adolescente não é a presença dessa projeção que deixa sua pegada em tudo aquilo que na narração a alimenta enquanto desatende os aspectos que resistem a entrar nessa ótica astigmática, mas a hipertrofia desse reflexo, o peso excessivo da leitura autobiográfica, chave de imagem desejada, em detrimento daqueles outros elementos do mecanismo leitor, como os conhecimentos literários ou a consciência do mundo que, ausentes ou de escassa densidade, não chegam a interagir ou intervir no diálogo com o texto, que o autobiográfico se apropria. Além do mais, se a leitura autobiográfica é suave, altamente porosa e de escassa densidade crítica e autocrítica — o perfil que geralmente se atribui ao tipo de leitor que chamamos adolescente — esse mecanismo de inter-relações se verá fortemente amortizado, e supondo isso, o autobiográfico funciona como um material absorvente, ávido principalmente de apontar e incrementar a porosa consistência que lhe é própria, questionando apenas a narração textual, da qual absorve o que encaixa em suas porosidades, abandonando, ignorando tudo o que não se encaixe em sua estrutura.

A LEITURA INOCENTE

A leitura "inocente", ligada, como conceito, à ideia de que exista um leitor normal, ingênuo ou médio, aparece como uma reivindicação que se pretende democrática ou espontânea. Em verdade, o que o termo esconde é uma reivindicação daquelas leituras que assimilam o texto como simples encadeamento de ações — apoiando-se na narração autobiográfica e inclusive desativando nela aqueles aspectos que pelo seu caráter conflituoso pudessem dar lugar a um questionamento do sentido da leitura — e que desativam os aspectos literários ou de representação do mundo nele existentes. É o tipo de leitura que se explicita em frases como "Leio para me esquecer de tudo", "Prefiro livros que não me façam pensar muito" ou "quero algo leve para ler na praia" e que diretamente se relacionam com enunciados como "Li de uma sentada só", "Te pega desde o começo", "Uma leitura apaixonante" ou o tão proferido "O livro me pegou, é viciante"[46].

Tal leitura pressupõe uma trama leitora plana, o grau zero da leitura, que delata nem tanto uma atrofia dos aspectos antes assinalados como uma conformidade passiva com a consciência dominante, e uma acomodação à literatura, entendida como linguagem asséptica e neutra, mero veículo de transmissão de histórias como passatempo. Nem é preciso dizer que tal adequação responde a uma visão da realidade na qual o indivíduo é contemplado como uma unidade autossuficiente, alheia a qualquer tipo de influência ou interferência proveniente de um "exterior" que é vivido como ameaça contaminante.

Por trás da expressão "leitura inocente" se escondem duas cobranças mais de autodefesa do que ofensivas: por um lado, "o leitor inocente" tenta descolar-se do que ele chama de leitor com preconceitos: "Ah, filho, você repara em cada coisa", "Mas, isso nem é tão importante", "Você enxerga tudo pelo mesmo lado", "Você vê problemas em tudo", "Mas, afinal, você gosta de algum romance?"; e, por outro, frente ao leitor "profissional", denuncia o seu olhar "técnico": "Eu não leio prestando atenção, não preciso, se é um narrador na primeira pessoa, um narrador invisível ou um narrador indireto. Eu leio o que leio. E ponto".

Sobre esses "discursos da inocência" é conveniente fazer alguns comentários. Da inocência como atitude de não exigência basta dizer que, na realidade, esconde uma exigência muito forte: a de não ser incomodado ou questionado, atitude que,

---

[46] Surpreende a insistência no uso dessa metáfora tão próxima à esfera dos adictos por drogas, em sociedades que enxergam no vício um mal que degrada suas vítimas.

por mais que se disfarce de simpatia positiva, oculta resignação, conformismo e, sem dúvida, autocomplacência. A inocência como ausência de preconceitos denota a aceitação dos preconceitos próprios como "normalidade", normalidade esta que tem sua origem na identificação dos "preconceitos hegemônicos", aceitos como natural.

Na leitura "inocente", o jogo de preconceitos próprios que se ocultam e alheios que se denunciam se move basicamente em torno de preconceitos morais, religiosos e políticos, mas o que caracteriza esse tipo de inocência leitora satisfeita é o preconceito, vivido como crença, de que qualquer aproximação à leitura deve ser efetuada sem preconceitos prévios, ou seja, a partir de uma imaginária mente em branco que nos remete à famosa "suspensão do julgamento" do não menos famoso, e já comentado aqui, pacto de ficção.

A inocência, como "o não profissional" responde com frequência a uma atitude de defesa perante a agressão originada pela linguagem dos profissionais da leitura, ou seja, aos professores, aos críticos ou aos pedantes. Sem dúvida, a linguagem profissional pode ser vivida por um leitor alheio como uma agressão, na medida em que estabelece alguns pedágios que podem ser desnecessários e que, em muitos casos, se apresentam como vontade de poder, distinção ou falta de transparência. É preciso assinalar também que, embora caiba desentranhar os recursos técnicos de um texto de maneira explícita (este narrador fala em primeira pessoa, aquele é omnisciente), todo leitor, mesmo que não consiga reconhecê-los lê esses recursos e "sofre" seus efeitos retóricos correspondentes, do mesmo modo que, ao contemplar uma paisagem montanhosa, vê uma montanha mesmo sem "reconhecer" a sua geologia. Quando Charles Bovary, por exemplo, se encontra pela primeira vez com Emma, o narrador vai descrevendo com precisão a sala, empregando o artigo indefinido, até que, num momento, salta para o artigo definido: "Numa mesinha situada no pé de uma cama com dossel, coberto com um pano com personagens que representavam turcos, havia dois talheres, com copos de prata. Notava-se um cheiro de lírios e lençóis úmidos que saía de um alto armário de carvalho situado em frente à janela". Esse jogo magistral na utilização das possibilidades do artigo consegue o eficaz efeito narrativo de, pelo mero fato da irrupção do artigo determinado — *a* janela —, colocar o leitor dentro da cena. Se esse leitor tem um preparo textual suficiente, verá a causa dessa "entrada em cena", mas se não o tiver entrará nela de todo modo. Num romance como *Nosso homem em Havana*, de Graham Greene[47], o texto diz em determinado momento que o personagem ia diariamente tomar alguma coisa em um determinado bar. No capítulo seguinte, o personagem vai a outro bar. Todos os leitores lerão o mesmo, mas apenas os atentos "lerão" que ele mudou de bar, e apenas estes, portanto, poderão ler o que isso adiciona como significado. Não deixa de ser chamativa a inocência que por vezes se atribui à leitura, e que talvez oculte algum tipo de culpa. Como Pilatos[48], o leitor inocente lava as mãos.

---

[47] Henry Graham Greene (1904-1991) foi um jornalista e escritor inglês, autor de vasta obra, incluindo romances, contos, peças teatrais e críticas. Publicou, entre outros, *O americano tranquilo* (1955), *Nosso homem em Havana* (1958) e *O fator humano* (1978). (N. do E.)

[48] Pôncio Pilatos foi governador romano da província da Judeia entre os anos 26 e 36. Segundo a Bíblia, no julgamento de Jesus Cristo, quando a multidão escolhe libertar Barrabás e crucificar Cristo, Pilatos lava suas mãos para indicar que não tomava parte da decisão. (N. do E.)

A LEITURA SECTÁRIA

Embora sejam frequentemente utilizadas como se agrupassem característica idênticas ou muito semelhantes, é preciso diferenciar leitura política, leitura politizada e leitura sectária. Leitura política seria aquela na qual atua com relevância a ideologia como consciência do mundo e sobre o mundo, ou seja, de e sobre a polis. O político, assim entendido, é um elemento que, de modo inevitável, dada a condição de animal *politikón*[49] que nos define, forma parte trama leitora constitutiva de todo leitor e portanto em maior ou menor grau, age nesse complexo processo que se realiza durante a atividade de ler. Porém, se, nesse sentido, todas as leituras são políticas, cabe deduzir que quando se fala da leitura política como traço principal, fala-se na verdade da leitura politizada ou da leitura sectária. Por leitura politizada parece entender-se aquela leitura durante a qual o elemento do ideológico enquanto compreensão de mundo sofre uma hipertrofia em relação aos outros aspectos que também participam na operação de ler: o textual, o autobiográfico e o literário. Seria portanto uma leitura desequilibrada na qual uma especial inclinação ou interesse do leitor para o confronto ou diálogo do texto com sua consciência política é causa de uma atrofia parcial daqueles aspectos literários ou autobiográficos que durante o processo de leitura também estão presentes. Se essa superatuação do ideológico alcança um nível que neutraliza ou refreia de maneira radical a intervenção de qualquer um desses aspectos estaríamos diante de um caso de leitura sec-

---

49 Animal político, ou *zóon politikon* é uma expressão usada por Aristóteles na *Política*, indicando que todo ser humano, ao contrário dos outros animais, é por natureza um ser social.

tária, na qual o ideológico monopolizaria o multidiálogo que caracteriza a operação de ler.

A leitura sectária aparece assim como uma deformação da ótica do leitor, já como miopia, presbiopia, astigmatismo ou cegueira, semelhante à leitura adolescente na medida em que o monopólio ou império de um dos aspectos participantes, num caso o autobiográfico, no outro o ideológico, condiciona o processo de leitura. O sectarismo, que não deixa de ser um sentimentalismo revestido de ideologia, dá lugar a uma supervalorização de tudo aquilo que no texto reforce a visão ideológica do leitor e uma subestimação de tudo aquilo que não fique adequado a ela.

Essa consideração, de aparência tão transparente, complica-se, contudo, se levarmos em conta que a ideologia intervém por sua vez tanto sobre o que se considera ideológico ou não, quanto sobre o grau de aceitação que se concede à sua presença durante o processo de leitura. Atualmente, por exemplo, o ideológico é considerado, em geral, como um fator contaminador que não deve intervir no processo, e isso a tal ponto que as três leituras que temos tentado caracterizar a esse respeito, política, politizada e sectária, são igualmente condenadas, sob a designação de simples leitura política. Como consequência da ideologia hoje dominante, que por sua condição se apresenta como não ideologia, como o "inconsciente ideológico" de que fala o professor Juan Carlos Rodríguez[50], o termo ideológico fica circunscrito às ideologias antissistema, e mais concretamente àquelas que se

---

50 Professor de Literatura da Universidade de Granada, Juan Carlos Rodríguez, é figura de destaque do pensamento marxista espanhol, principalmente no campo da Teoria Literária. Autor de grande obra teórica, com destaque para *Teoría e historia de la producción ideológica* (1990), *La literatura del pobre* (2001), *De qué hablamos cuando hablamos de literatura* (2002) e *El escritor que compró su propio libro* (2003). (N. do E.)

relacionam com a tradição do marxismo revolucionário, originando assim uma situação leitora que não deixa de ser curiosa na medida em que as leituras que se efetuam a partir dessa ideologia dominante jamais são mostradas como leituras políticas, politizadas ou sectárias. Prerrogativas de um poder que, quando se vê forçado a aceitar que a consciência do mundo é um aspecto que cumpre algum papel na leitura, se limita a referir-se a tal consciência como fruto de um difuso humanismo do qual de forma natural, todo leitor participaria.

A LEITURA "LETRAFERIDA"

Chamaremos de leitura "letraferida" aquela caracterizada por uma hipertrofia do elemento metaliterário no processo de leitura, o que origina que o leitor ou leitora acentue sua atenção naquilo que a narração textual coloca em relação com seu conhecimento e entendimento do literário. Caberia incluir nessa delimitação uma possível leitura erudita, na qual esse tipo de relação adquire mais um caráter anatômico do que fisiológico, ou a leitura pedagógica encaminhada ora ao ensino da história literária, ou das artes, recursos ou modelos de escrituras literárias. Reservamos, contudo, o termo de leitura "letraferida" àquela leitura na qual a hipertrofia do literário não vem provocada por um interesse utilitário, mas pelo sentimento da literatura como um modo privilegiado de acesso a uma verdade transcendental ou especial. Ou seja, quando a hipertrofia não só atua desde um ponto de vista quantitativo, mas sobretudo qualitativo. A literatura como sensibilidade estética que parte de uma consideração do estético como qualidade e sentimento que ilumina uma via de comunhão com a realidade que não passa pela razão. Um entendimento do literário que se corresponde com uma ideologia que marca tanto os limites desse entendimento — o que é e o que não é verdadeira literatura, o que é ou não é belo — como a sua experiência: como sentir, o que sentir. Tentando cercar um conceito que se fundamente em bases tão fugidias, vale notar que a leitura letraferida se pode definir negativamente pela sua rejeição frontal à ideia de que a presença do ideológico — excluindo sua própria ideia, claro — ou do político é algo muito secundário ou espúrio do ponto de vista do literário. A leitura literária encontra também sua raiz na visão formalista da literatura — o importante é o como — e na rejeição de qualquer consideração utilitarista.

A leitura letraferida, embora pretenda afastar do processo o papel do elemento autobiográfico, não deixa de responder a um desejo de sentir o "eu" como uma sincronia autopoética, o "eu" como "entusiasmo" que se projeta sobre a narração textual para reconhecer-se em sua beleza, sem que esse conceito consiga se concretizar mais do que tautologicamente: a beleza é o que provoca entusiasmo, emoção estética. A leitura letraferida outorga o monopólio da leitura mais do que a um diálogo entre o texto e o "eu" literário do leitor a uma verdadeira fusão ou comunhão de ambos.

O juízo que essa leitura emana resulta numa impossível ou muito difícil comunicação intelectual — de intelecto a intelecto — uma vez que como experiência estética, sensorial, é escassamente traduzível a termos que facilitem o seu raciocínio para além da indicação de aspectos formais, rítmicos, sonoros, musicais com os quais o textual se apresenta. Por isso a necessidade de recorrer à separação entre forma e conteúdo, e a especial atenção que esse tipo de leitura dedica a eles.

O leitor letraferido encontra na literatura a sua razão de ser e ler. A velha história de Naneferkaptah, que vende sua mulher e seus filhos para encontrar o livro no qual encontrará uma verdade que o faça igual a Deus, o livro como árvore do bem e do mal, resume, em uma caricatura hiperbólica e expressiva, a atitude desse tipo de leitores.

A LEITURA CIVIL

A leitura civil parte de um conceito: o leitor como alguém que vive implicado ativamente em seu contexto social, cultural e político. O leitor como cidadão da *res pública*[51], entendida como o espaço no qual constrói sua identidade e a sua trama leitora. Quando o texto — com sua correspondente densidade, peso e elasticidade — entra em contato com esse cidadão-leitor, se verá interpelado por uma leitura autobiográfica sólida (que não quer dizer rígida), por um conhecimento literário suficientemente amplo e afiado como para colocar de modo razoável o jogo de ecos e associações que a narração textual oferece, e por uma compreensão da realidade forte e ativa (o que não significa monolítica). Para um leitor ou leitora que reúna tal perfil, o processo de leitura transforma-se em um mecanismo extremamente dinâmico, intenso e fértil. Dinâmico porque o jogo entre elasticidades e resistências acelera as interconexões e intercâmbios entre todos os aspectos de sua trama leitora; intenso porque sua consistência provoca cada um deles a incidir e multidialogar com relevância sobre os outros, e fértil porque essa capacidade de incidir altera, desloca e reconstrói em maior ou menor grau cada um dos seus elementos constitutivos, dotan-

---

51 Expressão latina que significa literalmente "coisa pública", o que não é propriedade privada. (N. do E.)

do-o de um melhor treinamento mental e emocional para desentranhar, como cidadão, as claves e cifras que facilitam tanto
a autodescrição como o conhecimento do entorno.

A LEITURA DO CRÍTICO

O leitor privado pode fazer com sua leitura o que bem entender.
É um problema dele e de sua responsabilidade. Mas o crítico, e
esse é o traço pertinente que separa o crítico do leitor comum,
não pode fazer o que bem entende com sua responsabilidade,
uma vez que seu discurso é um discurso público sobre textos públicos, publicados, e tem, queira ou não, uma responsabilidade
pública, pois isso transforma o crítico no guardião das palavras,
das histórias, dos relatos, no aduaneiro que controla a circulação dos discursos coletivos. O crítico é um leitor que se vigia, que
vigia a leitura que está fazendo, ou melhor, que se sente vigiado
pelo público, pelo bem comum, pois só ele legitima, em última
instância, tomar a palavra perante o público. Vigia-se porque se
assume como responsável, ou seja, aceita que alguém possa co-
brar-lhe responsabilidades pelo uso que faça do espaço público
que a comunidade lhe permite ocupar.

Outra questão é que, na prática, o "publico" se transforme em
outra coisa, já que, na vida real, no cotidiano, somente o diretor
de seu veículo de comunicação pode cobrar responsabilidade
ao crítico, e este normalmente só se sente vigiado pelo mundi-
nho literário: seus colegas, os escritores, os editores, os reda-
tores-chefes. O desaparecimento como parâmetro operativo,
e não apenas retórico, do conceito de bem comum em nossas
sociedades, e sua substituição por um mero conglomerado de
interesses privados impede, do meu ponto de vista, uma leitura

crítica no pleno sentido da palavra, mas ainda assim esse impulso em direção ao comum subsiste na tarefa do crítico, no seu valor de uso, mesmo que depois a prática concreta, a redação de suas críticas, seja alterada por outras realidades não por ser menos constituintes ou ativas: sua própria necessidade de ocupar um lugar no mercado literário e a obrigação, portanto, de produzir mercadorias, críticas, com valor de troca para sobreviver no duro jogo da oferta e da demanda culturais.

Se a leitura é um processo no qual intervém a competência do leitor para enfrentar-se à textualidade, aos ecos e reverberações que intercambia com sua própria narração autobiográfica, às associações que com o universo literário se despertam e a sua compreensão do mundo, o crítico que a tal condição aspire está obrigado a "ouvir" como cada um desses aspectos atua no seu processo de leitura e a ponderar e analisar em que grau e modo interferem na construção de seu juízo. O crítico lê sua leitura. Lê o relato de sua leitura. Ler criticamente é analisar que aspectos de sua leitura autobiográfica foram elogiados ou castigados, como foi construído o mapa de referencias literárias e que zonas de sua ideologia ou compreensão do mundo receberam complacência, queixa, dúvida ou condena. A leitura crítica do crítico começa por si mesmo, deve saber a partir de que trama leitora ele leu. Deve observar o observador: observar-se. Ler o leitor que ele é. Saber que posição ocupa.

Mas, assim como a leitura é um ato que tem início antes de abrir o livro, o crítico sabe também que sua leitura não termina quando o fecha ou conclui o seu próprio texto e este é publicado, pois sabe que esse novo texto que, com suas palavras, entra em circulação, irá gerar consequências públicas, com efeitos em pequena, média ou relevante escala sobre a opinião pública, o gosto público, a divulgação de uma escala de valores literários, ou sobre o que Raymond Williams acertadamente denominava a "estrutura do sentir" coletivo, e a partir desse saber, que o faz responsável — queira ele ou não — lê sua leitura, atravessada, portanto, de cima a baixo, pelo seu próprio entendimento de para que torna-la pública, o que por sua vez implica em tomar uma posição frente à realidade social na qual sua crítica irá circular e ser consumida.

A leitura do crítico não deve ser uma leitura imparcial ou neutra, mas sim tão radicalmente pessoal e parcial que coloque em evidência e traga transparência aos materiais culturais, biográficos e ideológicos sobre os quais se assenta o pessoal, o *hardware* e o *software* da sua personalidade leitora. Como cidadão comum que é, terá seus próprios interesses e preconceitos, mas como crítico é obrigado, primeiro, a conhecê-los, e segundo, a controlá-los. Caso, seja pelo motivo que for, esses interesses interfiram no seu processo de leitura sem serem reconhecidos como tais, sua leitura será fraudulenta. Toda leitura é uma leitura interessada, mas na leitura do crítico seus interesses próprios — ideológicos, literários, autodescritivos, profissionais, crematísticos — aqueles aos que, a princípio, não precisa, nem deve, nem pode renunciar, terão de estar integrados no interior do mecanismo de leitura, sem que sirva como fuga pretender ocultá-los sob o manto de uma declaração expressa prévia que pretenda, assim, neutralizá-los em seus processos de leitura.

A leitura do crítico está obrigada a ser honesta, não do ponto de vista moral — cada um é livre para escolher o inferno que preferir —, mas do ponto de vista que a própria operação de ler exige a quem irá interferir sobre a leitura que uma comunidade fará de si mesma. Trata-se, assim, de uma honestidade intelectual e de uma honestidade política. A crítica exige esse nível mínimo de honestidade. Abaixo dele existe apenas publicidade ou adulação.

DOIS LEITORES

Quando Martin Eden nós é apresentado, no início do romance homônimo que protagoniza, sua personalidade leitora corresponde, em boa parte, à de um leitor adolescente. Possui uma bagagem literária se não escassa ao menos fraca (pelo menos do ponto de vista do cânone dominante que Ruth encarna); sua compreensão das estruturas sobre as quais a realidade social se assenta é pouco estruturada, ingênua, passiva, e embora leia a si mesmo com entusiasmo, orgulho e autoconfiança, não é menos verdade que mesmo nesse terreno tampouco pisa com segurança, ainda que possua um acentuado sentido de autoanálise. "Tinha uma sensibilidade muito desenvolvida e a faculdade de não perder a si mesmo de vista." A partir dessa trama leitora, lê e julga os versos que encontra na casa de Ruth, e lê o comentário depreciativo que para ela tal leitura merece. Uma consciência com experiência da tessitura social lhe teria permitido separar a autoridade de classe da autoridade literária, evitando assim que caísse na corrente de julgamentos que o comentário de Ruth lhe provoca: os poemas de Swinburne não são bons, não sei ler, ler é ler como Ruth lê. Uma conclusão leitora que colocará em marcha sua vida e a tragédia que o romance nos narra.

Bem poderia se dizer que o esplêndido romance de London, na forma de um romance de formação, vai nos contar é precisamente a transformação do leitor Martin Eden. A partir de uma primeira constituição leitora ingênua e frágil até essa constituição forte, na qual Martin Eden, através da leitura e da experiência, dota-se de um conhecimento do literário de caráter autodidata, embora amplo e extenso, de uma consciência autobiográfica densa e autocrítica, e de uma compreensão ideológica extremamente ativa e rebelde, mas, e nesse "mas" reside

O DEUS LEITOR E OUTROS LEITORES

o seu desencontro final com o mundo, sectária. Porque Martin Eden, ao longo de sua história, permanece ancorado a um entendimento do mundo, o individualismo radical, que o impede de canalizar sua rebeldia: "Eu sou reacionário, tão completamente reacionário que o senhor não pode compreender minha posição, o senhor faz de conta que acredita na sobrevivência do forte e no governo forte. Eu sim, acredito". Sua inteligência se depreende de uma visão darwinista que o leva a se aproximar de posições políticas próximas à luta de classes, mas que ao mesmo tempo o impede compreender que luta de classes e luta pela vida são cenas diferentes, que exigem colocações diferentes. É verdade que o individualismo radical que emerge no tradicional enunciado "Eu fiz a mim mesmo e não devo nada a ninguém" não tem a consideração de uma seita, mas não é menos certo que talvez seja, sob a bandeira do *self-made man*, uma das seitas que conta com maior número de membros.

O encontro com Ruth e com o mundo que ela representa irá trazer uma alteração radical da leitura que até o momento vinha fazendo de si mesmo: "Agora a existência deixava-lhe um gosto ruim na boca. Até então, tinha aceitado a vida como uma coisa boa". E não deixa de ser curioso que, no caso de Martin, não sejam os livros que o ensinam a ler a realidade — efeito que tantas e tantas vezes aqueles que os glorificam lhes atribuem em nome do fomento à leitura —, mas que seja a realidade — a existência de Ruth e o paraíso aristocrático que a rodeia — o que lhe ensine a ler os livros sem "suspender o juízo". Martin buscará neles seu valor de uso (o mesmo valor de uso que encontra na escova de dente que compra ao sair da mansão dos Morse e que também o leva a comprar prontamente um dicionário), e os lerá como uma ferramenta necessária para alcançar seus desejos: ser digno de Ruth e de seu mundo. "Em sua vestimenta social estava o abjeto, e ele desejava limpar-se das manchas que o abjeto pudesse lhe ter deixado, para elevar-se até aquele reino sublime no qual viviam as classes superiores".

Martin entra na biblioteca disposto a apoderar-se dos livros: "Estava assustado. Como iria dominar aquilo tudo? Mas então pensou que havia muita gente que o dominava, e lançou para si mesmo uma blasfêmia, assegurando-se de que, se outros o tinham feito, ele poderia fazê-lo também". Entra na biblioteca — no templo do saber humanista — como um elefante numa loja de cristais, disposto a que os livros lhe sejam úteis, e que o sejam da maneira concreta: para subir na escala social. Frente ao saber humanista de Ruth e o seu mundo, ele vai à busca de um saber utilitário, concreto. Algo que Ruth e seu mundo desprezam mais ou menos paternalisticamente: "Mas a cultura é algo em si mesma, sem subordinação a nada". "Depois, ao piano, tocou para ele, e contra ele, agressiva, com a ideia de colocar bem manifestadamente o tamanho do abismo que os separava. Serviu-se da música brutalmente, como uma marreta, para destroçá-lo." E, a partir daí, desse critério de utilidade, dessa necessidade, dessa posição ou ponto de partida é que Martin julga as leituras. Num primeiro momento, aproxima-se dos livros como um todo, como uma *terra incógnita*. Lê sem nenhuma ordem, vorazmente, com a intenção de adquirir, pela via da leitura, uma educação semelhante à de Ruth e seus irmãos. Descobre que o primeiro passo é descobrir o código, a gramática, mas rapidamente descobre que o autodidatismo não o leva à meta que pretende: a cultura de Ruth e de sua classe requer algo mais do que leituras, exige todo um processo de aprendizagem no qual o *tempo* e os modos não são tudo. "Tu estudaste saxão, te tornastes uma erudita em saxão... há dois anos. Agora, não lembras nem de meia palavra. Mas isso já te deu o tom de cultura que desejavas..." Somente quando Martin pensa na escrita como via para chegar ao reconhecimento volta a encontrar sua bússola: agora já sabe o que quer, portanto já sabe o que busca, portanto, sabe o que precisa ler. Primeiro, manuais de retórica e composição. A seguir, História. Depois, os relatos publicados nas revistas em que ele deseja publicar. No longo processo de aprendizagem, como escritor, Martin remodelará sua constituição de leitor tanto por meio das leituras como, e sobretudo, pela reflexão sobre suas experiências. Martin, que já havia se adestrado—via gramática, dicionário e retórica—a decifrar as narrações textuais, reescreve de algum modo sua narração autobiográfica: "Quem és, Martin Eden?", pergunta-se, olhando-se no espelho, uma noite no seu quarto. "Quem és tu, quem? Quem são os teus?", levanta e apura seus conhecimentos da dinâmica social e se apropria de um olhar literário extremamente agudo:

> Sob a mesa tinha vinte histórias rejeitadas. Havia voltado a lê-las para tentar descobrir onde estava o que não devia colocar, e desse modo encontrou a fórmula para fazê-las vendáveis. Aprendeu que não deviam nunca ser trágicas, que sempre tinham de acabar bem, que não deviam conter nunca beleza de linguagem, sutileza de pensamento nem delicadeza de sentimentos. Por outro lado: deviam ser muito sentimentais. Sentimentalismo do tipo "por Deus, minha pátria e meu imperador", ou "eu sou pobre, mas honrado".

A tragédia do leitor Martin Eden é que, quando levado por seu desejo de ser aceito pelo mundo dos que "leem bem", deixa de ser um leitor adolescente para aproximar-se do perfil de um leitor crítico, descobre a "ficção" que encerra o mundo burguês de Ruth e sua família e o papel de mero valor de troca que esse mundo outorga à cultura e à literatura. O que a sua leitura sectária o impede de aceitar, ou seja, ver, é que nessa batalha, apesar de seu sucesso pessoal, não é o protagonista. Descobre a mentira burguesa mas não sabe situá-la, e isso com o tempo acaba levando-o a perder o juízo e a efetuar uma leitura totalmente negativa e desesperançada — o suicídio — do romance de sua vida. A tragédia de Martin, como a de Julian Sorel em *O vermelho e o negro* (a história de uma "má leitura" de *O memorial de Santa Helena*[52]) ou a do Pijoaparte de *Últimas tardes con Teresa*, de Juan Marsé, é a tragédia de alguém que quer ser melhor e não entende que essa aspiração não é possível, sem consequências autodestrutivas, a partir de uma estratégia pessoal ou um horizonte individual, a partir do sectarismo do "eu".

Como protótipo de leitora, Emma Bovary merece novamente atenção especial. Madame Bovary não deseja tanto ser melhor, mas viver entre os melhores. À primeira vista, e se nos ativermos ao diálogo sobre a leitura que ela mantém com Leon, poderia se dizer que sua constituição de leitora responde ao típico perfil de leitor adolescente que projeta sobre as narrações textuais sua narração biográfica (e poucas vezes é tão evidente um exemplo de como a narração autobiográfica incorpora à sua estrutura, e de maneira muito poderosa, as expectativas de um futuro mais ou menos fantasioso). Emma lê a partir de um sonho de um futuro diferente, melhor, mais novelesco, como novelesca parece a sua inconsciente base ideológica, assentada em esquemas que correspondem ao decadente Antigo Regime. Para Emma existe a aristocracia ou o nada. Aristocracia de sangue — a nobreza que ela toca de leve no baile de La Vaubyessard — ou a aristocracia

---

52 Um dos livros favoritos de Sorel, o *Memorial de Santa Helena* é uma coletânea das memórias de Napoleão Bonaparte escrita pelo conde francês Emmanuel de Las Cases (1766-1842) a partir de conversas com o imperador durante o exílio na ilha de Santa Helena. (N. do E.)

dos heróis e heroínas da literatura romântica. Em sua leitura do mundo não existe lugar para a nova classe: a burguesia com seus mesquinhos e terrenos objetivos. E, nesse sentido, sua visão de mundo é a de uma rebelde: nega-se a aceitar a nova hegemonia da classe mercantil: "Estava cheia de furiosas vontades, de raiva, de ódio", e essa mesma rebeldia a leva também a enfrentar-se ao papel e aos limites que a sociedade concede ao seu gênero.

> Desejava um menino; seria forte e moreno, se chamaria Georges e aquela ideia de ter um filho homem era como uma promessa de desforra de todas as suas impotências passadas. Um homem, pelos menos, é livre, pode percorrer países, atravessar obstáculos, experimentar os prazeres mais longínquos. Mas para uma mulher tudo isso está continuamente proibido.

Sua decepção é total ao ver que o esperado filho homem é uma menina: a novela do filho "vingador" fecha-se para ela. A trama leitora de Emma Bovary é mais complexa do que parece: sua narração autobiográfica é fortemente insatisfatória e, a partir dessa insatisfação, os próprios livros, as leituras que a alimentam não são suficientes para acalmá-la. Emma não confunde os livros com a sua realidade. Sabe que conhecer exatamente exige algo mais, muito mais do que a leitura. Exige viver. Seu problema consiste em que as leituras foram moldando o curso de sua constituição autobiográfica. Emma não se resigna a viver nos romances. Quer ser um romance, a protagonista de uma novela "real" (ou seja, com amores, bailes, alta sociedade). E ainda que sua relação com o mundo passe por uma visão conservadora, está suficientemente viva para aceitar de maneira conformista a passividade. Ela é ativa nesse único território que a sociedade lhe permite, mesmo em condições de liberdade vigiada: os sentimentos. Um território

CONSTANTINO BÉRTOLO

que as leituras foram topografando com intensidade: o que sentir e como sentir o que se sente, no registro da paixão. Primeiro, o amor contido — a contenção como forma de paixão — por Leon. Logo a paixão novelesca feita carne: finalmente um amante, Rodolfo. Mas ainda no meio da paixão, Emma segue lendo a vida, olhando pelo canto do olho as lições de materialismo que a narração autobiográfica lhe lembra. É no meio dessa paixão de novela romântica que coloca em prática como narração complementar, uma alternativa novelesca burguesa: a ascensão social, via casamento, por meio do sucesso de Charles como cirurgião. "De fato, Bovary podia triunfar; nada dizia a Emma que seu marido não fosse hábil, e que satisfação era para ela tê-lo incentivado a dar um passo que aumentaria sua reputação e sua fortuna! Não desejava outra coisa que *apoiar-se em algo mais sólido que o amor*" (grifo meu). Quando seus sonhos de ascensão social se veem definitivamente frustrados — com o triste episódio do fracasso de Charles como cirurgião —, qualquer possibilidade de integrar-se numa novela burguesa — a ascensão por meio dos méritos "burgueses" de seu marido — fecha-se também diante dela. Seu "capital narrativo" parece então ter se esgotado. Entra então num período de "leitura lírica", mística, religiosa.

Na leitura lírica, o autobiográfico se detém, condensa-se, *se transcendentaliza*, ou seja, perde seu caráter diacrônico, dinâmico, "narrativo", enquanto o elemento literário sacraliza-se de modo intenso: o texto já não é objeto (nem sujeito) mas mero signo ou rastro de uma presença superior que a leitura rastreia em busca de fusão. A leitura lírica apresenta-se como leitura dormida, como sonho. Não funciona nem como um mecanismo do narcisismo, dado que nele o "eu" não existe a não ser como perversão: o "eu" torna-se mero reflexo do espelho: "Sua alma, crispada de orgulho, repousava finalmente na humildade cristã; e saboreando o prazer de ser frágil, Emma contemplava em si mesma a destruição de sua vontade, que deveria abrir de par em par as portas às invasões da graça".

Tem-se a impressão de que em Emma há um conflito irresoluto entre a sua trama leitora e suas necessidades vitais. Um conflito em permanente batalha. Uma e outra vez, a Emma real deixa-se invadir pela Emma leitora. Uma e outra vez sai derrotada e disposta a renunciar à leitura. Enquanto as batalhas ocorrem, o texto material de sua autêntica biografia prossegue inexorável, provocando a erosão de suas reais condições de subsistência econômica e social. As promissórias vencem e caem sobre ela justo quando cansou de ler sua última aventura amorosa, quando até mesmo a novela que protagoniza cai-lhe das mãos: "Cada sorriso dissimulava um bocejo de tédio, cada gozo uma maldição, todo prazer a sua saciedade, e os melhores beijos não deixavam nos lábios mais do que um irrealizável desejo de uma volúpia maior". Não quer mais continuar lendo: ponto final, de sua novela, mas não de sua história.

FINAL

Se entendermos a realidade como produto da leitura que ao longo de sua história a humanidade — entendida como o conjunto de homens e mulheres — vem realizando da sua existência, dentro das relações sociais concretas que em cada momento histórico ocorrem, caberia considerar a realidade como o resultado de todas as leituras possíveis que ao longo do desfile histórico tem sido produzidas. Entendida como livro aberto, mas não arbitrário, a realidade aparece como uma leitura plural que constrói, nomeia, interpreta, interroga, responde, julga ou nega, e que nos é proposta. Sabemos que essa pluralidade esconde e encerra um contínuo e dinâmico enfrentamento entre leituras individuais e coletivas que se afirmam, emergem ou enfraquecem de acordo com as posições de força e relevância que as condições sociais determinam para cada conjunto social, grupo ou classe em cujo interior são realizadas as leituras pessoais. Cada leitor lê na companhia de umas circunstâncias sociais e históricas que lhe proporcionam critérios, hábitos, referências, teorias ou escalas de valores, e em consequência, seria justo afirmar que é a realidade quem, definitivamente, lê. Ocorreria então que a leitura, enquanto modo de relação com a realidade, apresenta um rosto dialético, pois é leitura da realidade ao mesmo tempo em que é lida por ela. Um processo apaixonante no qual ninguém nem nada detém a última palavra.

A SOBERBA DE ESCREVER

A RESPONSABILIDADE DO NARRADOR

Enquanto discurso público, a literatura contém e se constrói com duas exigências substanciais: algo a dizer (ao público) e que esse algo seja ouvido ou lido (pelo público). Dessas duas exigências nasce o texto que as integra em sua unicidade. De uma má interpretação dessas duas exigências parece ter nascido a confusa e pedagógica separação entre o chamado conteúdo e a chamada forma. Confusa porque se esses dois falsos gêmeos qualificam-se como indiscerníveis mas diferentes, como saber que são diferentes se são indiscerníveis? Pedagógica porque a sua formulação provém da consciência de que nesses discursos públicos se produzem e empregam recursos e instrumentos, articulados tanto para atingir o dizer do autor como para manter a atenção do leitor, que podem ser delimitados e, portanto, transmitidos para o seu aproveitamento e uso em novos discursos. Confusa também porque da separação se conclui, de modo equivocado, que tal delimitação se produz, por sua vez, no interior de cada texto, criando, assim, uma falsa dicotomia que faz ver o texto não como algo único mas como a fusão de dois momentos literários distintos, tal como o cristão separa corpo de alma. É evidente, e desde a *Retórica* de Aristóteles[53]

---

53 Aristóteles (384-322 a.C.) foi um filósofo grego, aluno de Platão e professor de Alexandre, o Grande. A *Retórica*, ou *Arte retórica* é um dos seus mais importantes textos, juntamente com a *Poética*, o *Organon*, *Sobre a alma*, e a Ética. (N. do E.)

até a Teoria Literária de hoje fica patente que em todo discurso podemos identificar instrumentos, recursos e técnicas passíveis de isolar e catalogar assim como em todo texto podemos distinguir e fazer referência a temas, motivos ou argumentos. Mas daí a propor que em um texto concreto exista um conteúdo e uma forma separáveis há um abismo no qual continuamente despencam legiões de intérpretes e leitores.

Na literatura oral o público está integrado no próprio ato literário. O rapsodo fala para sua comunidade e de sua presença nasce o texto. No mundo grego a comunidade é a polis, ou seja, a cidade com voz política, a que encarna os valores sociais, mesmo que a polis não seja toda a cidade ou cidadania no sentido atual do termo. Apenas os homens livres formavam a polis e é claro que também a presença dessa polis não era uma questão meramente quantitativa mas qualitativa. A assembleia seria a comunidade política tornada presença, mas a comunidade podia estar "presente" por meio de um número menor que a totalidade dos agrupados sob o título de assembleia de cidadãos. Bastava com que esse grupo maior ou menor encarnasse o comum.

O rapsodo fala em nome de uma comunidade que, por meio de suas palavras, narra a si mesma. O rapsodo é a "respiração semântica" dessa comunidade, o ar verbal que a alimenta e nutre. O rapsodo pode aparecer como "inspirado" pelos deuses precisamente porque esse deuses são a encarnação mítica e simbólica dessa comunidade. Por meio dos deuses, a comunidade nomeia-se. Por meio da inspiração do rapsodo não cria — no sentido moderno do termo — mas "recolhe" e faz verbo as palavras, as histórias, os desejos, sonhos e medos de todos os membros de uma comunidade, seja ela a polis grega, seja a tribo bárbara à qual o bardo se dirige. O canto, o poema, a peça teatral não são do rapsodo ou do poeta a não ser porque o poeta é comunidade, parte integrante e constitutiva desta. O canto, o poema ou a tragédia são situações verbais da comunidade. Na corte guerreira essa situação verbal origina o cantar; no banquete, origina o poema lírico; na olimpíada, o poema ditirâmbico e no teatro, que é espaço mas, sobretudo, situação tornada espaço, representa-se a tragédia ou a comédia.

Nessa situação verbal e política não há lugar para a soberba do rapsodo, do poeta ou do trágico. Chamamos soberba, com as palavras de Melchor Cano[54], ao "apetite desordenado da própria excelência". Embora haja espaço para o mérito e para a honra, dificilmente pode haver soberba quando "o próprio" é um conceito impossível numa sociedade na qual cada um é comunidade, entendida como esse lugar mais teórico do que histórico, no qual o privado e o público não encontram fronteiras. Mérito de quem faz com que a comunidade se veja e reconheça nesse canto, poema ou tragédia. E honra porque, ao outorgar honras à comunidade, torna visível a posse dessa honra que só a ela pertence, e, como consequência, as honras recebidas não fazem "honorável" o membro da comunidade que as recebe em detrimento daqueles que não as receberam. A honra recebida não separa, une. É a honra de todos que é outorgada e é também, portanto, uma honra cuja entrega vigiam "todos", pois só pode conceder honra quem legitimamente possui o seu monopólio: a comunidade.

Estamos utilizando o termo comunidade e é necessário delimitar o seu conteúdo[55]. Nos tempos desse rapsodo teórico ao

---

54 Frei Melchior Cano (1509-1560) foi um teólogo espanhol, autor de *Consultatio theologica* (1556) e *De Locis theologicis* (1562, póstumo). (N. do E.)

55 Para um melhor entendimento do conceito e de sua utilização, remeter-se ao capítulo "O lugar da crítica", página 127.

qual nos referimos, não é difícil: comunidade seria o conjunto dos que o escutam, levando em conta que essa escuta incorpora a capacidade para legitimar o rapsodo. Dito de outro modo: o conjunto social que detém o monopólio da violência, e por isso mesmo pode legitimar a "violência" que o ato literário comporta. O rapsodo, o "inspirado", violenta a si mesmo, mas essa força que o distingue, em aparência, do comum, nutre-se, por sua vez, do comum. É violência consentida. A comunidade é o sujeito do poder. Quem não tem poder não forma parte da comunidade (os escravos, as mulheres). O silêncio de quem escuta é patrimônio apenas de quem poderia romper o silêncio.

Dissemos que a literatura, como discurso público que é, está atravessada por duas exigências: algo para contar e a necessidade de ser ouvido, e que ambas as exigências dão lugar ao discurso concreto, oral ou escrito, e, ainda, que a comunidade não "escreve" esses discursos, mas os legitima. Assinala seus limites, seu sentido, seu fim, que não podem ser outros que os seus próprios limites, seu próprio sentido, seu próprio fim: sua sobrevivência e reprodução, que, por sua vez, consiste na sobrevivência e na reprodução desses limites, sentido e fim regidos pela ideia de bem comum que a comunidade tenha adotado. Numa comunidade, o bem comum, qualquer que seja, ordena e hierarquiza a escala de valores e o valor dos atos pessoais e, entre eles, como outros tantos, os atos literários e seus atores: os autores, mesmo quando o conceito de autor nos leve a outro tempo histórico, adiante, no qual a comunidade já não monopoliza a violência e no qual, como consequência, o autor "tem autoridade" própria para além da autoridade delegada a ele pela assembleia.

A comunidade, enquanto bem comum, é ordem e não deixa lugar para que a soberba, enquanto apetite desordenado, apareça. Na comunidade, o rapsodo, o poeta ou o dramaturgo é basi-

CONSTANTINO BÉRTOLO

camente palavra consensual, palavra delegada, palavra vicária. Não lhe falta autonomia, pois ninguém explicitamente dita o seu discurso, mas sua autonomia é relativa, e relativa com respeito à escala de valores realmente existente em sua comunidade, ou seja, em relação aos seus interesses, aos instrumentos que possui e ao entendimento que tenha sobre o que é um discurso político legítimo. Sua autonomia está delimitada pelo horizonte de expectativas dessa comunidade, pelo que ela espera de si mesma e para si mesma. Dentro dessa autonomia existe lugar para o mérito, mas dificilmente encontra-se terreno para a soberba. A soberba requer que a desordem seja legítima, que a fonte da legitimidade seja questionada, que o bem comum tenha entrado em crise ou tenha se perdido, diluído ou extraviado, ou seja, que a comunidade tenha desaparecido ou quebrado e que a solidão tenha ocupado os buracos originados por essa fratura. Quanto menor comunidade, maior solidão. Se o interesse comum não existe, ainda que em potencia, o discurso acredita-se livre e se torna mero jogo.

A autonomia tem relação com a liberdade e a liberdade tem relação com a capacidade de escolher. O poeta, como o rapsodo, como o dramaturgo, é dono de sua arte, de sua habilidade de tornar concreta a expectativa que seu auditório espera. Dentro de uma determinada situação de comunidade, e dentro dos limites que a realidade compartilhada entre ele e sua comunidade assinalam, o poeta constrói seu texto. Entre os temas que a comunidade coloca a seu alcance, seleciona ou propõe; entre os fins que ela permite, escolhe; com as palavras que possuem em comum, elabora. Ao seu alcance estão todos os repertórios de estruturas, formas e instrumentos retóricos que conformam a herança literária comum: a literatura de sua comunidade, entendida aqui a literatura como o conjunto de materiais e técnicas que sua tradição coloca ao alcance de sua arte. Seu mérito virá do uso ou acerto com que componha, a partir desse materiais e com esses instrumentos, obras que sejam de interesse para a comunidade.

O problema do bem comum é que ele não é comum. O problema de apelar para a comunidade é que "as comunidades realmente existentes" não são comunidades no sentido que enunciamos. Contudo, a apelação ao bem comum, ao interesse geral continua legitimando o referente "comunidade", seja sua semântica da humilde (e conflituosa) comunidade de vizinhos ou proprietários, seja a dos acionistas de uma sociedade anônima, seja a comunidade nacional em sua versão pátria, etnia, nação ou povo, isso sem falar das comunidades religiosas ou espirituais marcadas pela presença de um bem comum revelado.

Nas comunidades laicas, a ideia do bem comum sobrevive como ideia abstrata: aquele bem que está por cima de diferentes interesses individuais, e como aspiração legitimadora: o bem comum como meta. Mas na prática, na construção cotidiana e concreta desse bem comum, sua leitura não é inequívoca, porque se produz numa sociedade em conflito, dividida em grupos e classes sociais com interesses que não coincidem, que divergem ou que são radicalmente contrários.

Olhemos a polis grega, esqueçamos-nos das mulheres e da população escrava (que já é esquecer muito) e a consideremos como modelo teórico de comunidade onde o bem comum não era algo dado ou conhecido a priori, mas algo elaborado momento a momento. E, nessa elaboração, todos os cidadãos partiam de posições políticas iguais. Políticas no sentido de que todos desfrutavam dos mesmos direitos e deveres que o fato de ser "polis" lhes outorgava. Ainda assim, suas posições sociais não eram iguais, porque tampouco o eram suas posições econômicas, e os diferentes posicionamentos provocavam divergências na hora de tomar decisões que afetassem a tradução concreta daquele bem comum ao qual aspiravam como comunidade. A elaboração democrática do bem comum produzia na realidade uma identificação entre esse bem e a democracia, ou seja, substituía o objeto a construir pelo seu processo de construção, provocando a fusão de meios e fins, a impossibilidade, a partir da democracia, de separá-los.

Nessas condições, teóricas mas atuantes, dado que nelas descansava toda legitimidade, e levando em conta que na elaboração democrática a ferramenta era o discurso, a pedra angular residia precisamente em que tais discursos pessoais mas públicos deveriam obrigatoriamente ser democráticos. E o que é um discurso democrático? Aquele cuja meta é precisamente a defesa do bem comum — a democracia, o respeito ao outro — e que, portanto, na sua própria elaboração como discurso deve conter o pressuposto básico da democracia: a possibilidade de que o outro participe dele — como ouvinte, como leitor — como um igual, a partir da mesma posição literária. Nessa situação de democracia não há diferença de categorias entre o produtor do discurso e seu receptor ou receptores. Não são uma dualidade — um ator passivo e um ator "ativo" —, mas as duas caras não diferenciáveis de uma mesma situação literária.

Precisamente a reprovação democrática ao discurso sofista está em que, nesse tipo de discurso, a meta — sua imposição aos outros — é um fim que se apresenta como superior perante o respeito à igualdade, quebrando assim essa identificação entre meios e fins que constituía o fundamento de sua democracia, de seu bem comum. No discurso sofista escamoteia-se a transparência que a igualdade exige em prol de um fim secundário: a sedução, a persuasão desonesta, que não procura o acordo e sim a imposição.

Não é de se estranhar a importância e a dedicação que no mundo grego se outorga aos discursos. Afinal de contas, neles estavam depositados o ser gregos, o ser democratas. Dessa "vigilância" nascem a gramática, a retórica e a filosofia. O fato de que o bem comum entre os gregos fosse um processo e não algo dado, impedia sua posse, embora não, obviamente, a tentação de retê-lo em proveito próprio, seja pelo tirano ou pela oligarquia ou casta. A peculiaridade do bem comum como processo obrigava quem nele quisesse interferir a corrompê-lo, ou seja, a romper a democracia manipulando os meios, fosse manipulando a assembleia ou os discursos. Qualquer um que quisesse possuir o bem comum estava obrigado a alterar a tomada de decisões na assembleia, fosse por meios violentos, anulando ou restringindo seu poder o composição, fosse por meios retóricos, violentando os discursos.

Chamamos violentar os discursos a todas aquelas ações linguísticas encaminhadas para alcançar determinada meta sem medir os meios (linguísticos). No discurso não democrático, trata-se de conseguir um efeito que favoreça determinada intenção. Esta pode apresentar-se como ligada ao bem comum. O que a caracteriza é que a intenção está por cima dos meios. Na realidade, o discurso não democrático nasce de uma concepção desrespeitosa para com o outro — pessoa, assembleia ou povo —, ao qual situa como objeto e não como um sujeito igual. Na atitude não democrática subjaz uma visão inferior dos outros, assumidos como possíveis ludibriados, seduzidos, comovidos, como objetos ou instrumentos manipuláveis embora talvez necessários para levar a cabo suas intenções. Nesses discursos busca-se a conformidade e se renuncia ao pacto, embora o fato de que permaneça como necessária a busca da conformidade assinala que se requer uma aparência de igualdade que se respeita (como aparência). O pacto é consequência da igualdade real. A partir da igualdade, a única possibilidade de que um discurso seja válido reside em dá-lo a conhecer e que o seu conhecimento convença. O discurso democrático é o discurso honesto, ou seja, o que contém os elementos necessários para ser compreendido: ordem, equilíbrio de argumentos, clareza, univocidade. Nesse tipo de discurso, não é possível separar as duas intenções de todo discurso: dizer algo e ser ouvido. Se o requerimento de ser ouvido primasse, ele se transformaria num discurso enganoso, sedutor. Se apenas se buscasse dizer algo, seria inútil, solipsista.

Não deixa de ser verdade que na realidade do mundo grego, assentada sobre a escravidão, a igualdade incorpora, como modo de legitimar a liberdade, a ideia de superioridade. Como se apenas se pudesse ser igual sendo superior, ou como se apenas se tivesse direito de ser livre por ser superior. Essa tensão entre liberdade e superioridade parece atravessar o pensamento grego, e provavelmente seja a raiz de sua elaboração do sublime.

Nas comunidades ou culturas em que o bem comum é algo dado ou revelado, o discurso público, que, como todo discurso, encontra nele sua legitimidade, não busca o pacto mas a imposição radicalmente violenta, mesmo quando essa violência, como todo poder, busque ser aceita.

O discurso do revelado não é um discurso que integre a honestidade, porque a honestidade está fora — fora dele e fora da comunidade na qual se produz e circula. Está na voz que revela. Esse tipo de discurso busca a eficácia e é ela quem o constrói. Não tenta convencer, mas sim vencer, atemorizar. Sua meta é a conversão, não a conversa entre iguais. Nele, o fim é tudo, e os meios se tornam simples instrumentos, armas a serviço de um fim perseguido. O único espaço de discussão que deixa é o da interpretação do que é dado ou revelado. A luta não é tanto pelo controle da produção do discurso, mas pela sua interpretação. É um discurso que admite intérpretes e súditos, mas nunca cidadãos. Se, como dissemos antes, o discurso democrático implica a responsabilidade recíproca e simultânea de "quem diz" e "quem escuta", no discurso da revelação toda a responsabilidade recai sobre quem escuta: quem tenha ouvidos para ouvir, que ouça. O discurso democrático quer que o leitor permaneça onde está, na cidade que o faz cidadão. O discurso da revelação tenta movê-lo, comovê-lo, levá-lo rumo à origem do revelado. Convertê-lo.

Poderíamos pensar que esse tipo de discurso corresponde ao que, no nosso âmbito cultural, chamamos de tradição judaico-cristã, enquanto o discurso democrático poderia identificar-se com a tradição greco-romana. E, sem dúvida, essa simplificação poderia ser aceita se aplicássemos ao conceito de revelado unicamente as suas conotações religiosas, mas no caso de, como pretendemos, equipararmos a revelação à possessão ou usurpação, comprovaremos que essas fronteiras entre ambas as tradições não são corretas.

Nas comunidades real e historicamente existentes, incluindo a polis grega, a desigualdade material e, portanto, a desigualdade de interesses dentro da comunidade é e era um fato. Essa desigualdade gera a luta pelo poder político, ou seja, a luta pelo domínio do público: instituições, órgãos de tomada de decisão, discursos. E uma vez que todo poder procura sua legitimação, persegue a imposição de sua ideia de bem comum, fonte última de toda legitimação dentro de uma comunidade organizada. Seja a casta guerreira ou a dos sacerdotes, seja a aristocracia comercial, cada grupo de pressão social pretende apropriar-se da ideia de bem comum. Essa apropriação dá origem a que o processo de construção democrático desse bem comum seja pervertido por interesses. O grupo dominante ou hegemônico, ao apropriar-se dele "de fato", o possui, o fixa, e, a partir dessa posição o revela ou impõe, seja por meio de uma violência ideológica que procure persuadir o resto da comunidade (eu tenho razão, nós temos razão) ou por meio de uma violência sacralizada que tente assustar (eu sou o depositário e o vigilante da verdade, nós conhecemos a verdade e fora da verdade não existe salvação).

Do ponto de vista da literatura como discurso público, a usurpação do bem comum implica no controle dos discursos públicos e como consequência, o controle desse tipo de discursos públicos que recebem o nome de literatura, bem como de sua produção ou de sua circulação: que discursos podem ser tornados públicos, que discursos públicos são literatura, e o controle de seu consumo: o que dizem esses discursos, ou seja, o controle de sua interpretação e, se cabe, o que cabe, a gestão dos sentimentos que esses discursos provocam — o que sentir, como sentir.

Em cada sociedade dividida em castas ou classes o grupo dominante, que se ergue como detentor e "protetor" do conjunto social, impõe seu domínio sobre a produção, circulação e interpretação dos discursos públicos, e a cada momento histórico essa dominação se realiza seguindo pautas e mecanismos que se ajustam às condições sociais, culturais e econômicas que estruturam tal momento. Desse modo, ora o grupo dominante têm o monopólio da escritura e da leitura, ao possuir de modo restrito o acesso ao conhecimento do alfabeto e dos recursos expressivos, ou bem promove sistemas de censura direta ou indireta, ou ainda supervisiona a interpretação por meio do sistema educativo e da institucionalização da crítica, enquanto o próprio sistema econômico sobre o qual o grupo dominante cresce e se reproduz contribui para o domínio e para o direcionamento dos aparelhos de produção e reprodução dos discursos literários: editoriais e meios de comunicação.

Como já foi indicado, todo domínio precisa, para sua legitimação, apoiar-se, ao menos em segunda instância (a primeira seria a simples lei do mais forte), no bem comum como pedra sobre a qual edificar o consenso ou a resignação. Em função de seus interesses, o grupo dominante que usurpou o espaço da comunidade está impelido a conseguir que o seu próprio bem seja assumido como bem comum, ou ao menos que o bem comum aceito por esse espaço de comunidade, agora dividido em dominantes e dominados, não questione o seu bem. O modo de produção desse bem próprio do grupo dominante está condicionado por sua necessidade de manter-se e reproduzir-se como grupo dominante, e pela conveniência de que seja transferível como bem comum ao grupo dominado. Em sociedades complexas, o grupo dominante não se apresenta como um bloco monolítico ou estático e, ainda que determinado pelas condições mencionadas, o seu fracionamento pode dar lugar a diferentes concepções internas sobre esse bem próprio transferível, o que, por sua vez, pode transferir ao conjunto social percepções diferentes do bem comum. É fácil compreender que os discursos literários, como discursos públicos que são, arrastam todo o jogo de tensões que é produzido dentro do grupo dominante que controla sua produção, circulação e consumo e, em determinados momentos, pode inclusive ser difícil delimitar qual é a concepção hegemônica dentro desse grupo.

Uma comunidade com capacidade para definir por si mesma o bem comum é uma comunidade democrática. Uma comunidade na qual todos os membros da comunidade têm poder para defini-lo é uma comunidade autoritária. Uma comunidade na qual o bem comum não é algo a definir, mas sim algo dado ou definido a priori, é uma comunidade religiosa. De cada uma delas se depreende o tipo de discursos públicos e, portanto, de literaturas que nelas podem se produzir. No primeiro caso, a literatura será uma literatura baseada no acordo. No segundo, uma literatura baseada na persuasão. No terceiro, uma literatura baseada na revelação, e por isso na fé, ou seja, no medo. Em todos esses casos, a literatura não deixará de ser um ato de violência, uma vontade de imposição, embora varie, em cada uma dessas três situações de comunidade, o mecanismo de imposição, quer dizer: sua retórica. E, nas três situações, para que a literatura se realize, o pacto deve se produzir, seja ele um pacto democrático negociado entre iguais, um pacto acatado negociado entre desiguais ou um pacto sacralizado não negociado, que, ao transferirem-se para o espaço literário, darão lugar, respectivamente, a uma literatura de argumentos, uma literatura de sedução e uma literatura de acatamento e conversão. São manifestamente três protótipos de literatura, e dentro de cada uma delas, se produzem três protótipos de escritor: o democrata, o sedutor e o messias. Cabe, ainda, um quarto tipo de pacto, e portanto, de narrador e de literatura: o confessional. Quem se confessa, ou bem porque se livra da culpa ou porque acusa, coloca um pacto aberto e lábil, pois será o tipo de destinatário eleito pelo autor quem condicione o seu conteúdo.

O NARRADOR CAMALEÃO

Um pai, um filho de 11 anos e uma filha de 12. Estão perdidos e exaustos no meio de uma área montanhosa. Sofreram um acidente. A noite cai e as crianças estão inquietas. O pai pensa que uma história pode ajudá-los a pegar no sono. Como teria feito a mãe, ausente: "Ela teria nos contado uma história que nos conduzisse suavemente para o sono". Mas ele não sabe contar histórias. É escritor, mas não sabe contar histórias. "Poderia escrevê-las, mas não contá-las." "Você é escritor, mas você nunca conta nada", reclama o filho. "Os escritores não falam, só escrevem", responde o pai. "Acontece o mesmo com quem é mudo", diz o filho. As crianças estão cada vez mais nervosas, e finalmente o pai começa a lhes contar uma história. Quando a história termina, o pai, que é o autor do livro[56] protagonizado por ele e pelos seus filhos, percebe que as crianças já estavam dormindo, "respiravam ritmicamente fazia um tempo", e adverte, nem tão surpreso, que "apesar disso, eu continuei contando a história", e nós leitores que assistimos à cena sem dúvida nos perguntamos para quem e para que estava, então, contando essa história.

O narrador e protagonista de *El final del cielo* é "um escritor divorciado que veio passar um final de semana na casa de seu irmão e aluga um pequeno avião para que as crianças se lembrem do final de semana". Não era pelo avião nem pelas crianças, era para que elas se lembrassem. "Não os vejo muito e, como não os vejo muito, só posso fazer de tudo para que eles se lembrem de mim quando não me vêm ou eu não os vejo. Agora sim elas vão lembrar. Para sempre". O avião sofre um acidente, precipitando-se dentro de um lago no meio de montanhas. O piloto morre e salvam-se apenas, sem feridas maiores, o pai e seus filhos. O escritor, protagonista e narrador, quando chega à beira do lago, a primeira coisa que pensa é em algo que até mesmo ele acha incongruente:

escrever em um bloco de notas o que está acontecendo. Tirei-o do bolso e ele está deformado pela água. Mas enquanto olho para o bloco inútil sinto-me mais preso à terra e um pouco melhor do estômago. Desde que chegamos à beira do lago, tenho a impressão de

---

56 Alejandro Gándara, *El final del cielo*. Madri: Siruela, 1992.

CONSTANTINO BÉRTOLO

que escreverei um diário, mesmo que mentalmente. Preciso anotar tudo, porque vão acontecer coisas. Embora as crianças me olhem com preocupação. Acho que me verem tão concentrado em um bloco não vai ajudá-los a superar o susto ou superar essa morte que está acontecendo, tal como também não ajudaria a mim que Totó e Carlota tivessem começado a brincar de esconde-esconde depois de uma tragédia como esta, ou a brincar de qualquer coisa, ou a serem eles mesmos com seus 11 e 12 anos. Eu, sim, comecei logo em seguida a ser eu mesmo. Peguei o bloco estragado e logo comecei a pensar que continuo sendo o mesmo de sempre.

Esse diário mental é o que vai sendo oferecido ao leitor. Um diário que está escrito em um tempo muito próximo ao presente, quando não no presente imediato, e que grifa e separa em blocos temporais o momento da ação com uma periodização de aparência obsessiva: Perto do meio dia. Dia 1. Um pouco antes do meio dia. Dia 1. Uma hora, mais ou menos. Dia 1. Uma e vinte, mais ou menos. Dia 1. Quase quinze para as três. Dia 1.

O peso que a condição de escritor adquire na entidade como personagem do protagonista ocupa, pela própria presença contínua do diário mental, um relevo especialmente significativo ao longo de toda a trama narrativa. Sua relação com a escrita se faz patente quando, ao lembrar a queda do avião confessa que "apenas olhava a nuca do piloto, o tempo todo, como se na nuca estivesse concentrada toda a gravidade da situação ou estivesse escrito tudo o que poderia nos acontecer a partir daquele momento". A primeira reação do escritor protagonista é se converter em narrador único do que está ocorrendo: "Decidi ser a voz ativa", ou seja, controlar a leitura dos acontecimentos, o relato. E atribui aos filhos a condição de leitores passivos que irão receber "seu relato" como verdade inquestionável, embora rapidamente descubra que sua posição como narrador sábio e profeta o obriga a atender, simultaneamente, dois objetivos narrativos: o primeiro reside em construir-se e manter-se como narrador inquestionável; o segundo o obriga a construir um relato lógico e verossímil, cujo argumento, que lembra a estrutura do êxodo bíblico, deve ser, em resumo, o seguinte: depois da "queda", um pai forte e sábio conduz com inteligência e valor os seus filhos rumo à salvação. Por um lado, o narrador deve manter sua imagem de pai forte; por outro, precisa solucionar com destreza os obstáculos que o "relato de aventuras" no qual estão imersos lhes coloca por diante, além de, é claro, conquistar a atenção dos leitores, como seus destinatários implícitos. Logo reconhece que suas carências como escritor do relato de aventuras — não sabe acender um fogo, não sabe pescar, foge do ataque de uma cabra selvagem — fazem com que seus filhos questionem sua legitimidade narrativa: "Tinha certeza de que começavam a pensar que eu não era o capitão adequado. Que poderiam se virar sozinhos", e sua posição de narrador-Deus, cai por terra: "Não sou eu quem deve saber? Se realmente tenho autoridade, por que não consigo que me obedeçam?… Tenho medo de não saber nada, medo que eles descubram, medo de errar". Sua imagem de Narrador Pai Onipotente se quebra em mil pedaços — ferida que a peripécia narrativa *concretiza* ao receber na perna a investida de uma cabra — colocando-o na situação teórica de um narrador que perde o controle da trama, já que se vê obrigado a atender ao desenrolar autônomo dos dados de saída que sua narração colocou em andamento; situação que o romance reflete quando, contra a vontade do protagonista, e impulsionados pela lógica dos fatos (nesse plano, é decisivo o papel da filha rebelde que, no papel de um leitor crítico, é quem primeiro percebe as falhas do relato que o pai, agora um narrador manco, quer lhes impor), decidem abandonar o lugar onde ocorreu o acidente para buscar um local mais favorável para sua salvação ou resgate. A perda de sua credibilidade por parte daqueles aos quais em primeira instância parece dirigir-se a sua narração, o obriga a situar-se como narrador numa posição democrática, na qual compartilha com seus filhos a escritura da peripécia. Nesse momento do texto, o diário mental, expressão clara da soberba de escrever que o domina, deveria desaparecer em nome de um projeto comum: conseguir a salvação. Deveria renunciar à escritura para se centrar em sua tarefa de pai. Sua perseverança na escritura delata que essa é sua salvação pessoal, sua prioridade como personagem da novela, pois seu escrever mental é a atividade que continua caracterizando-o de modo mais pertinente.

Por si só esse fato nos alerta de que sua tentativa de constituir-se como narrador democrático não deixa de ser um simulacro, uma estratégia para tentar recuperar o poder perdido. Não é capaz de se colocar numa posição de equidade perante os filhos. Uma posição que, por outro lado, e dada a assimetria de sua condição de adulto e da condição infantil ou juvenil de seus filhos, pede não um igualitarismo populista, que é a tática que o narrador escolhe, mas um esclarecimento de limites e responsabilidades, ou seja, transparência e não demagogia. Mas o medo de que sua condição original, ou seja, a de escritor que sobre tudo atende a essa identidade por cima de sua condição de pai — e que narrativamente se destacou no citado episódio, quando narra a história dirigida a facilitar a chegada do sono das crianças, mas que, com elas já dormindo, fecha como único ouvinte o final de sua narração — seja descoberta pelos filhos, transforma sua tentativa democrática em algo impossível, do mesmo modo que a desigualdade econômica torna impossível a democracia, por muito que o cidadão que possui riqueza ou meios de produção se apresente, enquanto cidadão, como um igual frente a um despossuído. Num caso a soberba, no outro o privilégio econômico acabam por ser as verdadeiras regras do jogo enunciado

A SOBERBA DE ESCREVER · 111

como democrático. O narrador e pai, nessa ordem, é consciente de seu pecado original: aceitar a escritura como identidade primeira e, a partir dessa consciência, má consciência, tentar encontrar sua redenção oferecendo-se como salvador, e não mais perante a situação de perda na qual as circunstâncias os colocaram — tarefa para a qual se mostrou incapaz —, mas perante uma nova ameaça que ele possa controlar narrativamente: o grande lobo cinza. É nesse ponto que, na narração, introduz-se o recurso próprio da sedução: o suspense. Recurso que esse narrador duplo, frente aos filhos e aos leitores, utilizará para ser necessitado por uns e outros.

Quando esse narrador, que primeiro brincou de ser um narrador bíblico (impondo sua autoridade) e depois de apresentar-se como um narrador democrático, comprova que não está atingindo seu objetivo (ser ouvido), recorre ao suspense para reconquistar seu domínio, um procedimento que cumpre, no plano narrativo, o papel do mal no plano religioso, ou seja, aquilo do qual apenas o narrador-sacerdote consegue nos livrar, pois será sua narração, ao nos dar finalmente a resposta, que acabará com o desassossego que ele mesmo provoca; do mesmo modo que a protagonista de *A volta do parafuso*[57] tem de criar os fantasmas, a ameaça do mal, para poder ser a salvadora aos olhos do único leitor que como narradora deseja: o pai das crianças, pertencente à classe alta, a classe desejada. O lobo é o fantasma dessa história.

O narrador bíblico não cria suspense (o que vai acontecer), mas sim, em todo caso, enredo (o que está acontecendo), enquanto um narrador democrático renunciaria a ambos os re-

---

57 Livro do escritor Henry James (1843-1916), norte-americano, naturalizado britânico em 1915. Uma dos principais autores do realismo na língua inglesa, escreveu, entre outros, *Retrato de uma senhora* (1882), *Os bostonianos* (1886), *A volta do parafuso* (1898) e *A taça de ouro* (1904). (N. do E.)

cursos porque seu objetivo primordial não é prender a atenção, mas compartilhar os saberes, e, em função disso, "argumentar o argumento". Por sua parte, o quarto arquétipo de narrador, o confessional, com seu confessor como companhia, resolveria a questão acentuando a cumplicidade: somente a você eu direi o que *me* acontece e o que *me* acontecerá.

El final del cielo exemplifica as diferentes posições que um narrador pode adotar, como o camaleão muda de cor para sobreviver em seu meio, frente aos seus destinatários — "O problema agora é inventar outra estratégia sem negar a anterior". Nessa novela é possível encontrar as atitudes narrativas às quais temos nos referido e os diferentes registros narrativos que delas se desprendem pois, para além de valorizações literárias concretas, a novela, caracterizada estruturalmente pela multiplicidade de seus destinatários e editada numa coleção com um título significativo "*Las Tres Edades, de los ocho a los ochenta y ocho años*" [As Três Idades, dos oito aos oitenta e oito anos], oferece uma conjugação atraente das características próprias de um relato de tom bíblico — e as simbologias religiosas que salpicam o texto alertam quanto a isso — com a sintaxe narrativa e a sedutora trama do romance de aventuras, com as aparências — abundante utilização de diálogo direto — da narração democrática. Ao mesmo tempo em que, e de forma muito evidente, o relato parece deixar claro que o uso da primeira pessoa nas narrativas de hoje, para além das pegadas de sua origem na confissão agostiniana[58], transformou-se numa espécie de "autocontrole de qualidade" no qual se medem as possibilidades de

---

58 *Confissões*, escrito por Santo Agostinho (de Hipona, 354-430) — um dos mais importantes teólogos do início do cristianismo —, é considerado o primeiro livro autobiográfico do mundo ocidental. (N. do E.)

triunfar no intercâmbio social, numa obsessiva autodescrição mercantil que dá lugar a que o ato de se pensar torne-se tensão existencial opressiva, como no caso da novela de Gándara, ou em mera autocomplacência, como vem ocorrendo no que se chama ultimamente de "ficção do eu".

Na verdade, e pelo menos em teoria, todas as narrações tratam da mesma coisa: alguém nos conta algo e quer que o escutemos. Ler seria uma operação que carregaria duas perguntas simultâneas e apenas teoricamente diferenciáveis: quem é esse alguém que nos conta e o que está nos contando. Por sua vez, a primeira pergunta conteria pelo menos mais duas questões: por que e para que ele me conta; enquanto a segunda coloca o porquê e o para que me conta o que me conta. Na prática ocorre, todavia, que esse encontro com o narrador não é exatamente um "encontro às escuras". Esse narrador vem com uma carta de apresentação e, por vezes, com informações e referências: editorial, paratextos, críticas, propaganda. Abrir uma narração é abrir a porta a um narrador, a alguém que conta algo e, assim como acontece numa conversa real, quem escuta, o leitor, ao mesmo tempo em que presta atenção na narração, tenta conhecer esse que fala e saber quais são suas intenções. O que ele quer de nós? Quer nos dizer algo ou pretende somente nos vender um embuste?

O NARRADOR DESONESTO OU OS 49 MINUTOS
QUE GUSTAVE FLAUBERT NOS ROUBOU

Emma Bovary é considerada um dos personagens mais sólidos, "reais" poderia se dizer, de toda a história da literatura. Grande parte desse atrativo parece residir em certa aura de mistério que a rodeia. Emma se apresenta como uma personagem dominada pela fantasia, embora o mesmo narrador reconheça que seu espírito é "positivo em meio a seus entusiasmos" e que se subleva diante dos mistérios da fé. Emma é uma idealista — opõe o melhor ao real —, mas não idealiza a vida nem se entrega às "invasões líricas da natureza" porque, como nos é dito, "conhecia muito bem o campo; sabia do balido dos rebanhos, das manipulações lácteas, dos arados". O problema de Emma é, em parte, mas apenas em parte, o problema de todo idealista, entendido sem nenhuma conotação pejorativa, como alguém que tem um ideal e que, portanto, não está confortável no mundo que tem de viver. A parte central do problema reside na circunstância concreta de que esse ideal foi forjado numa realidade virtual — na leitura — e o que é ainda mais relevante: por meio da leitura, o ideal que Emma construiu é o seu próprio eu: "Emma sentiu-se interiormente satisfeita pensando que tinha chegado com um único passo a esse raro ideal das existências pálidas ao qual não aportam jamais corações vulgares". Emma descobriu a vida interior. Idealizou-se. Confundiu, agora sim, o melhor consigo mesma. Não fez distinção entre ela e sua leitura. Ao que se soma aquele efeito ou sentimento potencial da leitura ao que já nos referimos: a impressão de que entre o eu e o mundo não existem intermediários. A sensação "quietista" de que o mundo é acessível a partir da solidão. Desde essa posição a realidade não se vive como horizonte, mas como lugar incômodo no qual se confronta o reino da própria subjetividade.

O narrador dessa novela entra em nossas casas e começa a nos contar a história de um tal Charles Bovary, com quem conviveu nos anos escolares, mas rapidamente percebemos que muda o foco de sua atenção do seu relato par ocupar-se com especial atenção da segunda esposa do personagem, abandonando sua atitude de narrador próximo e identificável para tornar-se um narrador impessoal, que parece adotar uma posição mais de fiscal do que de advogado de defesa ao nos contar a tragédia conjugal do matrimônio Bovary.

Em um romance que nos conta a história de uma mulher casada, Madame Bovary, o casamento ocupa inevitavelmente um lugar central e, dentro das circunstâncias que rodeiam o matrimônio, parece lógico esperar que o jogo de causas e razões para a decisão de se casar deveria ser matéria básica, máxima numa narrativa — a narrativa do século XIX, na qual Flaubert se insere — na qual o motor da ação assenta-se no mecanismo de causa e efeito. Contudo, essa casuística, não é escamoteada aos leitores do romance porque Flaubert nos roubou uns quantos minutos, quarenta e nove, exatamente, fundamentais a esse respeito. Vamos relembrar a narração textual:

— Tio Rouault… tio Rouault — balbuciou Charles.

— Não desejo outra coisa — continuou o lavrador. — Mesmo que a moça tenha a mesma opinião que eu, haverá de se perguntar o que acha. Bom, vá embora, eu volto para casa. Se for sim, escute bem, não terá o senhor necessidade de voltar, pelas pessoas, e além do mais isso a impressionaria muito. Mas para que o senhor não se impaciente abrirei a persiana da janela até a parede: o senhor poderá vê-la olhando para trás, debruçando-se sobre a cerca.

E afastou-se.

Charles amarrou o cavalo a uma árvore. Correu para se acomodar na trilha; esperou. Passou meia hora, contou outros dezenove minutos em seu relógio. De repente ouviu uma batida contra a parede; a janela havia sida aberta, a treliça ainda tremia.

O casamento acontece logo. Se o romance tem umas 370 páginas, os noivos se casam na número 25. E a verdade é que quando chegamos nesse ponto, nessa página, nada ou quase nada sabemos das razões de Emma para aceitar tal matrimônio. Como se o narrador de Flaubert se desse conta desse oco narrativo, dessa lacuna, a novela olha para trás para nos contar sobre a educação sentimental, os antecedentes de Emma, com o afã, sem dúvida, de que nos detalhes de tal educação encontremos as razões que a levaram ao altar de braços dados com Charles Bovary. "Antes de se casar, tinha se acreditado apaixonada", lemos, e quando a narração, pois não pode dar por encerrado o problema com essa única resposta, nos oferece um significado mais tangível do que esse "acreditar-se apaixonada", se remete ao estado de tédio em que vive Emma quando Charles aparece em sua vida, e o narrador menciona que "a ansiedade de uma situação nova, ou talvez a irritação causada pela presença daquele homem bastou para fazê-la crer que por fim possuía aquela maravilhosa paixão que até então fora para ela como um grande pássaro de plumagem rosa planando no esplendor de poderosos céus".

Não deixa de ter o seu atrativo essa definição do enamorar-se, uma mistura de ansiedade e irritação, mas tampouco deixa suficientemente claras as razões. De novo, a poucos meses e páginas do casamento, o narrador retoma o tema nos contando as pertinentes reflexões de Emma: "Por que terei me casado, Deus meu? Perguntava-se se não teria havido meio, por outras combinações do azar, de encontrar outro homem; e tentava imaginar quais poderiam ter sido aqueles acontecimentos que não ocorreram, aquela vida diferente, aquele marido ao qual não conhecia", e da leitura de tal reflexão parece deduzir-se que as razões são razões de azar. Algum comentarista mais flaubertiano do que Flaubert — e existem em abundância — veria nessa presença do azar como motor da ação narrativa um traço precursor da narrativa pós-moderna. Mas cabe pensar que tal interpretação ruborizaria o autor de *A educação sentimental*. O que sim se pode deduzir é que Flaubert respondeu a esse problema narrativo que a história colocava renunciando a buscar a solução necessária — justa, adequada —, em prol de uma solução brilhante; e como os maus novelistas com talento (que existem), escolheu ser brilhante ali onde a narração lhe exigia ser inteligente: é nesse momento que nos rouba esses 49 minutos que originam minha pergunta. "Passou meia hora, contou outros dezenove minutos no seu relógio." Como narrador, como um narrador que controla e domina a todo momento qualquer cena, que se preocupa em nos detalhar roupas, móveis e gestos, nos furta o conteúdo desses decisivos minutos. Um exagero de precisão para disfarçar um buraco narrativo. Quarenta e nove minutos não são pouca coisa para uma elipse que esconde essa conversa entre Emma e seu pai, na qual seu matrimônio, seu futuro e sua vida estão em jogo. Eis aí o lugar propício para as causas e razões, para os argumentos, e é aqui que a narração o esquiva de maneira brilhante, segundo a crítica usual, situando o foco sobre esse Charles na espera que uma janela se abra ou permaneça fechada.

Mas por que um escritor como Flaubert contenta-se com ser brilhante? Por que o seu narrador não se comporta democraticamente e coloca sobre a mesa todos os argumentos necessários para se poder entender Emma Bovary? Porque não pode, respondemos, escolher ser inteligente: ficaria sem leitores. Por isso o seu narrador se torna um narrador desonesto. Porque a poética do leitor burguês que nos rodeia e inunda não reclama democracia no trato com o narrador, muito pelo contrário, nos inclina a pensar que ainda bem que não nos narrou essa cena pois, se assim o tivesse feito, para essa poética hoje também dominante, o esclarecimento de razões e argumentos tingiria o romance de um ar prosaico, demonstrativo, de vulgar realismo. Imaginemos Emma e seu pai falando sobre os prós e contras da decisão: você terá uma casa no povoado e talvez, um dia, na cidade, você poderá ter uma criada, você está crescendo e por aqui não há muitas oportunidades, olha que pode ficar solteira. Que horror!, exclamaria a Poética, o romance poderia perder todo o seu ar de encanto, melhor que cada leitor imagine o que quiser, ou não imagine nada. O recurso da espera de Charles na frente da janela é uma boa solução novelesca.

Mas existem leitores para novelas não novelescas? Para responder a essa pergunta é necessário mostrar e introduzir como variável relevante à educação literária do leitor, ou seja, as expectativas com as quais todo leitor literário chega a um texto, uma atitude não mais marcada pelo seu perfil de leitor mas pela corrente cultural que em cada momento histórico impõe uma poética do ler, a partir da qual, e por cima das leituras privadas, a cultura dominante nos indica o que se deve esperar de uma novela. Uma poética do esperável que afeta o autor, o leitor e todo o universo literário: editores, crítica, educadores, que rodeia a leitura e forma parte dela.

Se tivesse nos narrado a cena escamoteada, teria que nos mostrar uma mulher pensando, mostrando suas razões, suas ideias sobre o útil e o inútil, eventualmente nos teria obrigado a ouvir argumentos mesquinhos na boca de uma mulher, Emma, que assim retratada, pouco espaço deixaria para ser lida dentro do que a poética leitora do século XIX propunha como literariamente esperável e desejável quando uma figura feminina erigia-se como protagonista: a mulher como enigma. Uma poética da leitura que a crítica literária de gênero tem rastreado e cuja herança ainda hoje se deixa ver em grande parte da narrativa contemporânea.

A estética leitora dominante marca as fronteiras que dificilmente a leitura silenciosa e privada pode escolher, por isso é justo pensar se é possível escrever uma novela não novelesca, se a leitura silenciosa pode ser outra coisa que um meio de afirmação narcisista ou se cabe pensar que a novela, em sua moldura burguesa, é uma forma, não de conhecimento, como costuma ser sustentado, mas bem ao contrário: uma forma de desconhecimento. Problemas que dificilmente se podem colocar dentro de um espaço cultural que entende a leitura como um ato supremo de liberdade e diz outorgar ao leitor um estatuto semelhante ao da divindade.

A RESPONSABILIDADE COMO SITUAÇÃO

O pacto de responsabilidades que até aqui interpretamos como o elemento constitutivo da literatura nada tem a ver com a responsabilidade tomada como virtude moral ou social. Não se trata de que o narrador se sinta responsável perante o leitor ou a comunidade, numa posição moral que na realidade traduz uma situação de desigualdade semelhante à do pastor perante suas ovelhas, à do mestre perante seus alunos ou à do sacerdote perante seus paroquianos. Não é uma responsabilidade que nasça de uma situação na qual quem ocupa uma posição superior deve assumir a responsabilidade que essa posição lhe confere. Uma possibilidade de escolha que a mesma situação lhe outorga. Não se trata da responsabilidade social que afeta todo aquele ou aquela que tem ao seu alcance a possibilidade de que suas palavras se tornem palavra pública e intervenham portanto na configuração dos imaginários coletivos ou individuais. A responsabilidade que entra em jogo no pacto literário não provém de uma escolha que lhe é dada ou delegada, como poder, ao autor, ao editor ou ao crítico, mas que vem determinada pela posição na qual o ato literário tem lugar: a igualdade dos dois agentes que intervém, o que fala e o que escuta, em relação à matéria sobre a qual o ato literário se edifica: a linguagem comum. É uma responsabilidade inevitável, constitutiva do ato literário, que sem ela torna-se simples tráfico comercial. É evidente que o autor, o editor ou o crítico podem assumir uma responsabilidade moral, social ou política enquanto produtores de textos com consequências morais, sociais ou políticas e que esse fato civil mas não literário (o que não significa que não tenha efeitos literários) coloca-os em uma situação na qual sua literatura, por ação ou omissão, pode ser julgada a partir das instâncias que assumam a representação do moral, do social ou do político. E é também evidente que, uma vez que as palavras públicas afetam o moral, o social e o político, tal responsabilidade pode ser exigida por essas instâncias mesmo quando os atores se neguem a assumir sua responsabilidade a esse respeito.

Mas não estamos nos referindo a essa responsabilidade de origem pessoal, mesmo que seja facilmente transportável ao plano das responsabilidades coletivas, mas à responsabilidade que o ato literário, por ser palavra pública, contém. A literatura como palavra respondida. Uma resposta dirigida a uma palavra determinada, à qual se responde quando por ela interpelado, e dela reclama seu tempo, sua atenção, sua inteligência e sua linguagem; à qual não é indiferente nem permite permanecer indiferente. Palavra que, por si mesma, está exigindo uma *contrapalavra*. Para o leitor, como indivíduo que forma parte de uma comunidade, trata-se de um chamado, de uma interpelação, de uma evocação que o coloca em situação de ser alguém que "responde", de ser obrigado a isso, de ser, como o emissor, responsável, ou seja, aquele que pode e deve responder de tal forma que entre palavra e resposta haja uma correlação já não recíproca mas constituinte, em que interpelação e resposta são dois momentos de um único ato.

A soberba da escritura não estaria, portanto, em relação à cobiça do narrador, mas da consideração que este, a partir do apetite desordenado da própria excelência, faz do leitor simples moeda que se limita a medir a eficácia do ato e não como corresponsável da palavra que o acompanha. Quando, na cena que comentamos de *El final del cielo* o pai narrador continua contando a si mesmo a história, com os filhos já adormecidos, sua narração deixa de ser um ato literário para se converter em mero ato narcisista, autista, sem responsabilidade alguma, ou seja, deixa de ser literatura para ser palavrório encaminhado, na lógica interna da narração, à autoafirmação do narrador, e na lógica do romance (dos que leem de fora a história) para conseguir a sedução do leitor, algo que, em minha opinião, consegue.

Como pacto de responsabilidade, a literatura em seu ato de produção dá resposta simultânea tanto à necessidade de dizer algo como ao requerimento de ser ouvido. Mas esse pacto exige, por sua vez, uma situação de igualdade, de comunidade, que está muito longe de se produzir no quadro das relações sociais existentes nas sociedades deslocadas pela luta de classes, pela divisão do trabalho e por um individualismo ideológico e econômico que não contempla outra ideia de bem comum que não seja a soma dos interesses privados. Em tais condições, a literatura somente sobrevive como sombra de si mesma, por meio de uma ideologia humanista em franca decadência, que continua precisando defender um espaço para o que "não tem preço", para a admiração estética, onde salvaguardar sua intemporal visão de uma condição humana que, desde sua ótica conservadora sobrevoaria, sem se romper ou manchar, por cima da lógica de mercado. E digo, sombra de si mesma porque, a partir da consciência falseadora desse humanismo a-histórico, a responsabilidade da literatura se traduz em uma frágil, estéril, passiva e bem intencionada decisão pessoal com a qual continuam adornando-se aqueles atores do literário — escritores, editores, críticos — que não se resignam a ser devorados por uma lógica mercantil que os transforma inexoravelmente em meros agentes econômicos. Também a partir da literatura, e em nome de um projeto revolucionário, reclama-se a sobrevivência do pacto constituinte como metáfora ou desejo de uma situação social na qual, desaparecidas as condições que impedem a construção de um espaço de igualdade real, a elaboração democrática do bem comum desse existência ao que a metáfora e o desejo veiculam.

Mas, para além do remendo humanista ou do por enquanto revolucionário, os narradores se veem obrigados a propor estratégias necessárias para que, levando em conta as situações presentes, suas vozes sejam ouvidas. É aí onde a sedução irrompe como estratégia dominante da legitimidade pós-moderna. A retórica tem estudado a sedução em Platão, Isócrates[59] e Aristóteles, e autores como Baudrillard[60] ou Alberoni[61] a retomaram como matéria de análise e comentário. O que nos interessa é principalmente dar conta do prestígio de que goza dentro da comunicação social. Se até pouco tempo atrás a sedução apare-

---

59 Isócrates (436-338 a.C.) foi um orador, político e educador ateniense, autor de importantes discursos políticos, entre eles *Panegírico* (380 a.C.). (N. do E.)

60 Jean Baudrillard (1929-2007) foi um sociólogo e filósofo francês, importante nome da pós-modernidade, autor de, entre outros, *A sociedade de consumo* (1970), *À sombra das maiorias silenciosas* (1978) e *Simulacros e simulação* (1981). (N. do E.)

61 Sociólogo italiano, Francesco Alberoni nasceu em 1929, em Piacenza. Entre seus livros destacam-se *Enamoramento e amor* (1979), *Os invejosos* (1990) e *Valores* (1993). (N. do E.)

cia com um rosto ambivalente (por um lado remetia ao que tem de enganação, por outro, à admiração que provoca), assistimos agora a sua legitimação como forma desejável da comunicação social. Já não se trata de que alguém queira seduzir, mas de que todos querem ser seduzidos, sem que a base falsa ou ardilosa sobre a qual possa estar construída a sedução origine reclamação alguma. Dir-se-ia, inclusive, que os meios pelos quais a sedução é levada a cabo perderam relevância; como se a importância residisse mais na intenção do que na estratégia e seu valor para os seduzidos fosse medido em função do prestígio de quem seduz, enquanto que para o sedutor o que conta basicamente é a quantidade de seduzidos que consegue alcançar.

Diante disto, os autores descobrem que a chave de sua capacidade para serem ouvidos reside de maneira primordial no prestígio de sua marca como autor, o que os obriga a submeter a sua identidade pública às regras midiáticas: aparição frequente nos meios de comunicação, autopublicidade, criação de uma imagem como escritor, etc. E a incorporar à sua obra, como elemento relevante de sua poética, as lições do marketing comercial: facilidade sintática, tratamento de conflitos com contrastado nível de audiência, ênfase no suspense e mistério, utilização de uma ironia gratificante... A assimilação desse fato por parte dos autores poderia explicar em parte a tendência narrativa que brinca de manter fronteiras porosas entre ficção e realidade, ou de esfumaçar os limites entre autor, narrador e personagem. A publicidade, afinal, começa por si mesmo. Em nome da enganosa soberania do consumidor, a soberba de escrever vê-se obrigada — sem renunciar à soberba necessária para manter-se como produto que incorpora a aura do artístico — a aceitar o leitor como cliente, ou seja, a predicar uma narrativa a serviço do mercado, da estatística. E se aquela antiga soberba que supunha o fato de se atrever a falar em público tinha como reverso a humildade de quem ousa submeter a juízo público suas obras, atualmente a soberba só se vê ameaçada pela humilhação de uma quantidade de vendas medíocre ou ridícula em relação às metas quantitativas que a competição apregoa.

Vivemos numa civilização que tem como seu espelho o *shopping* ou centro comercial, dominada pela ideia de que viver é ser encontrado. E os escritores narram com esse "inconsciente coletivo" sobre suas consciências. Sob essa ordem cultural, a responsabilidade literária tal como a apresentamos dificilmente faça sentir a sua presença. Movemos-nos numa situação que encontra suas premissas num terror de baixa intensidade mas de extensa onda de choque, que condena ao ostracismo e ameaça com um constante estado de desaparecimento quem não participa, legislando que quem não participa não faz diferença, simplesmente não existe.

O LUGAR DA CRÍTICA

I. A LUTA PELAS PALAVRAS

A literatura é, entre outras coisas, o lugar onde se pensam as palavras; as palavras coletivas e, portanto, e também, as palavras privadas. A literatura é o lugar onde se constrói o sentido e o significado das palavras e é, por isso mesmo, o lugar onde se constrói o sentido e o significado da existência, ou seja, o lugar onde se dá nome a isso que chamamos de realidade. Uma árvore existe, a realidade árvore é algo que o homem constrói. A realidade é a forma humana de relacionar-se com o existente. Quando pensamos ou dizemos uma palavra construímos uma realidade. Quando pensamos ou dizemos uma frase construímos o sentido de uma realidade, ordenamos a existência, a tornamos humana, a tornamos acessível, criamos uma ordem de relação com ela.

Não é estranho que alguém queira se apoderar das palavras. Elas são de todos, e esse, precisamente, é o valor que têm — são de todos, todos as constituímos e todos estamos constituídos por elas. Mas já se sabe que existe a tentação de querer ser mais todos do que todos, e existe uma estrutura social que obriga e gera a necessidade de se apoderar das palavras. De certo modo, e metaforicamente falando, a história da Humanidade é a história de um combate pelas palavras.

Evidentemente, a literatura não é o único lugar onde se pensam as palavras. As palavras são pensadas em outros muitos espaços:

na família, na escola, na rua, em fábricas e empresas, nos partidos políticos, nas histórias de amor e nos meios de comunicação de massas. Talvez a literatura, apesar do lugar privilegiado que vem lhe sendo concedido em nossa tradição cultural, não seja o terreno mais substancial, mas sem dúvida é um lugar de destaque, precisamente porque a literatura é feita por palavras e essas palavras podem chegar, e chegam, aos demais territórios anteriormente mencionados e, de certo modo, os contém, ou contém a possibilidade de contê-los. E assim, para falar da família podemos falar da novela *Léxico familiar*, de Natalia Ginzburg; para falar da escola, de *O jovem* Törless, de Robert Musil; para falar da fábrica de *The Jungle*, de Upton Sinclair; para falar de vida urbana de *Manhattan Transfer*, de John Dos Passos; para falar do amor, de *Madame Bovary*, de Gustave Flaubert; e para falar de meios de comunicação de *As ilusões perdidas*, de Honoré de Balzac. E essa relevância que a literatura, desde que surge historicamente como atividade socialmente reconhecida, detém em relação às palavras é o que a transforma em um lugar privilegiado para observar o fenômeno ao qual nos referimos antes: a luta pelo domínio das palavras. Não se trata, contudo, de abordar aqui a história da literatura como a história dessa luta. Não pretendo agora transportar as teorias de Darwin ou Marx para nenhuma teoria da literatura. Meu objetivo é muito mais modesto. Tentarei apenas propor um cenário. Um campo de batalha que nos permita ver qual é o papel do crítico e da crítica dentro desse pensar as palavras que constitui um dos traços mais relevantes do que chamamos literatura.

Nesse cenário, os papeis principais se dividem entre três atores primordiais: o escritor, o leitor e o crítico. E a ação se desenvolve em três atos: a produção da escritura, a produção da leitura e a produção da crítica. Sobre esses três atores e atos versa o presente comentário, sobre as tensões que entre eles se estabelecem.

O SILÊNCIO DA COMUNIDADE

Escrever é um ato de desigualdade. Nesse sentido, a escritura retoma e continua a herança da literatura oral. Quem fala exige silêncio. Quem escreve pede atenção. Nos obriga ao silêncio. A escritura é um ato de desigualdade e, portanto, um ato de violência, um ato de invasão, nascido da vontade de domínio: um ato de poder que se manifesta com seus pertinentes revestimentos rituais e simbólicos. Aquele que fala quer que nos calemos. Um ato de soberba. A soberba de escrever.

Quando o rapsodo se levantava para recitar, fazia-se silêncio. E o silêncio dos outros fazia parte de sua récita. Recitar era exercer um consenso: eu falo e vocês se calam. Era um ato de consenso mediante o qual aceitava-se a desigualdade. Na literatura oral, o dizer e o calar formavam parte de um ato único, e ambos, o dizer e o calar, são elementos constitutivos da literatura oral, do relato oral. Dito de outro modo, na literatura oral o silêncio do público está incorporado ao ato criativo do rapsodo. Esse silêncio era decorrente de um pacto: a comunidade concede a palavra porque entende que o rapsodo é alguém que deve ser ouvido, enquanto esse ouvir for bom para a comunidade que o ouve. Desse pacto nascia a responsabilidade do rapsodo: saber que suas palavras estavam dirigidas para o bem da comunidade. A desigualdade do falar se construía sobre a responsabilidade de quem falava. Por sua vez, recaía na comunidade a responsabilidade de conceder ou não conceder o uso da palavra, pois era a comunidade quem conferia ou negava, tácita ou explicitamente, a condição de rapsodo. Era a comunidade que, em primeira e última instância, e em sua condição de dona e protetora da língua, legitimava o uso das palavras.

No âmbito da literatura oral, recitar seria, portanto, um ato de soberba consentida, um ato de desigualdade compactuado entre o rapsodo e a comunidade à qual ele se dirige. É esse pacto que legitima o dizer do rapsodo e lhe dá o direito de uso das palavras coletivas. Na literatura oral a proteção da palavra não se delega a ninguém; é a sua proprietária, a comunidade, que regula seu uso. E esse ato de proteção não se realiza à margem do ato literário, mas de modo simultâneo: enquanto o rapsodo recita o pacto de legitimidade é produzido. Para dizê-lo de outro modo, o rapsodo é ouvido e julgado de maneira simultânea, e é ouvido e julgado por uma mesma instância: a comunidade. Caberia pensar, portanto, que literatura e comunidade coincidem, e que em qualquer caso, se pressupõem. Sem comunidade não haveria literatura.

Venho utilizando repetidamente o termo comunidade e talvez seja conveniente fazer uma consideração. Entendo por comunidade um conjunto de pessoas que não só vivem em comum, mas que participam ativamente de uma mesma visão de suas vidas e compartilham, portanto, uma escala de valores. Uma comunidade política e não uma simples comunidade "natural". A comunidade como um espaço social dotado das seguintes características: capacidade para legitimar os atos de cada um de seus componentes; capacidade para definir o bom ou o mau para além dos critérios pessoais; presença de um projeto comum a partir do qual se delimita bondade ou maldade. A comunidade seria esse espaço no qual se fundem a vida privada e a vida pública. De um ponto de vista mais literário, a comunidade, como já dissemos, seria a proprietária das palavras de todos e o custódia de seu uso, impedindo o *abusus* ou a apropriação indevida e regulando seu *usufructus*[62] ou a concessão temporal. Isso implica que a comunidade atua como um espaço legitimado

---

62 Em latim no original, usufruto, direito conferido a alguém (historicamente, um direito real) de uso ou gozo de um bem que pertence a outrem. De *usus fructus*, uso dos frutos. (N. do E.)

para impor critérios. Se não há critérios, ou se o critério reside em que não haja critérios, não pode haver comunidade. Implica ainda mais: o conceito de comunidade exige que esse critério seja o bem comum e esse bem comum será definido com procedimentos igualitários em razão do que for bom para essa comunidade.

É possível dizer que tal comunidade nunca existiu ou que, se existiu, perdeu-se na sombra dos tempos. E tal afirmação é razoável. Não teria muito sentido sequer mencionar estruturas próximas, como a tribo amazônica ou a polis grega. O que interessa aqui é a permanência dessa necessidade de legitimação que se outorga ao bem comum e que perdura através da história. Necessidade que deu lugar a conceitos como Estado, Nação, Igreja, Escola, Partido político ou Mercado, todos eles acodem, na hora de sua legitimação, a todos ou algum dos elementos constitutivos do que chamamos comunidade.

Voltemos agora a esse rapsodo que deixamos recitando. Vamos supor que é um rapsodo concreto, o aedo divino, Demódoco, de quem se fala no canto VIII da *Odisseia*. Aquela ideia de comunidade da qual falávamos é agora a corte do rei dos feácios, uma corte que se apresenta como encarnação de toda a comunidade, e que nomeia de inspiração divina a legitimidade que confere ao rapsodo. "E saciada que tiveram sua sede e apetite, a Musa ao aedo inspirou que cantasse sobre façanhas de heróis." E o rapsodo celebra em seu canto histórias e façanhas de heróis e guerreiros, e aquele seu público de guerreiros o escuta com gosto e lhe pede que prossiga. A legitimidade do canto vem dos deuses — mas não esqueçamos que se trata de deuses que também formam parte da comunidade —, a comunidade, nesse caso, já não é toda a comunidade mas a casta guerreira, que se sente encarnação dessa comunidade, cuja representação usurpa ou arrebata a quem até então foi detentora dela. E essa casta se cala e ouve porque está ouvindo falar de heroísmos sobre os quais se sustenta o seu lugar privilegiado dentro da comunidade. O poder do rapsodo não é somente um poder que serve aos interesses (embora também) do seu público, é muito mais: é o próprio poder, coincide com ele. Definem-se do mesmo modo, pela capacidade de impor a sua voz, e entre a voz do rapsodo e o seu público não há interferência ou refração alguma. Nada nem ninguém coloca em dúvida esses dois poderes que na récita se unem e refletem mutuamente. Entre o emissor e os destinatários não há lugar para mais ninguém.

De que falam os poemas ou cantos épicos? Aparentemente, a *Ilíada* fala de uma guerra provocada por uma questão de honra, fala da ruptura de um mandato da comunidade: as obrigações da lei da hospitalidade que Paris violou ao raptar ou seduzir Helena. Mas fala também do conflito entre a honra e suas recompensas, do conflito que surge quando honra e recompensa não coincidem. Esse é o conflito que Aquiles explicita. O canto fala, além do mais, da guerra, das estratégias, da amizade, da soberba, da crueldade. Fala das palavras comuns. Tira a linguagem da esfera do abstrato e o situa no mundo do concreto. Pois somente numa situação concreta uma palavra desvela e constrói o seu significado. O significado da amizade se constitui por meio da relação entre Aquiles e Pátroclo. A de soberba, por meio da destemperança de Agamêmnon; a da astúcia por meio da malícia de Odisseu. As palavras se chocam e rebatem entrem elas: lealdade e lei, prudência e honra, razão e guerra, morte e glória, justo e injusto, e, com o choque de palavras contra palavras, personagens contra personagens, e histórias contra histórias, nasce esse canto global no qual cada elemento encontra e constrói o seu significado. Os significados comuns e os imaginários coletivos de uma comunidade que se identifica com uma cultura guerreira. Disso fala, em voz alta, a *Ilíada*. E, ao seu lado, a *Odis-*

seia, com todo o jogo de significados que se abrem ao enfrentar com base em argumentos a aventura com o lar, a viagem com a terra firme, o horizonte com o ponto fixo. E antes, *Os trabalhos e os dias*, de Hesíodo[63], que constrói mitos e passados, tarefas menos heroicas, mas mais comuns. As palavras comuns. As histórias comuns. Os desejos comuns. Os medos comuns. Mas não entendamos que o comum se contrapõe ao privado. Estamos falando de um mundo no qual ambos os termos estão englobados. É verdade que a lírica, por exemplo, parece expressar palavras mais pessoais, mas, mesmo assim, o banquete, o ritual que gera o discurso lírico, é uma cerimônia cívica, regida por um código comum. O discurso lírico é também um discurso oral, que se constitui certamente em voz baixa em relação à voz alta da épica ou a dramática, mas que no pacto continua sendo o mesmo: tomar a palavra é um direito custodiado pelos ouvintes. E o ato literário incorpora esse pacto.

Estamos falando, até o momento, desse pacto entre autor e a comunidade, mas antes, devemos nos deter, por um momento, em duas questões. A primeira pode ser colocada como mero interrogante: é o autor quem, com suas palavras, cria o silêncio da comunidade ou é a comunidade que, com seu silêncio, cria as palavras do autor? A segunda questão requer uma introdução mais longa. Até agora, quando falamos da comunidade, o fizemos a partir de uma ideia de comunidade sustentada em idênticos valores ou interesses, mas, o que aconteceria se, no seio dessa comunidade, começassem a surgir interesses e valores divergentes? Imaginemos, por exemplo, uma pequena comunidade, uma cidade grega, onde convivem uma maioria de proprietários

---

63 Poeta grego nascido na Beócia por volta de 780 a.C., autor também da *Teogonia*. (N. do E.)

de terra, que vivem de suas rendas, e uma minoria de pequenos comerciantes, que vivem dos lucros do comércio. Vamos imaginar que a essa cidade chega um rapsodo e que esse rapsodo, em seu canto, celebra as glórias da cidade, os grandes heróis que ela produz, suas façanhas guerreiras e as virtudes de seus heróis e que, em determinado momento, relaciona o valor do guerreiro com a propriedade de terra, argumentando narrativamente que é a terra, que não pode ser transportada em caso de derrota, a que origina a necessidade de valor. Numa situação como essa, aliás nada estranha, o que aconteceria? Vamos supor que, a partir dessa desigualdade que o falar em público contém, proponhamos a seguinte resposta: aconteceria que todos ou alguns pertencentes à minoria dos cidadãos que se dedicam ao comércio poderiam questionar essa concepção de valor que o autor, por meio de seu canto, propôs aos ouvintes. E poderia acontecer que esse cidadão mercador começasse a vislumbrar a origem nada divina da inspiração do autor. E poderia acontecer que esse cidadão mercador começasse a deduzir a origem nada divina da inspiração do autor. E poderia ocorrer que se atrevesse a colocar suas dúvidas em voz alta. Nesse momento, esse cidadão mercador teria se transformado em um crítico: alguém que questiona as palavras que o autor pronuncia e os cidadãos escutam.

Talvez esse seja este o momento de dedicar uma pequena homenagem a essa figura histórica — me refiro a Sócrates —, que, no meu entender, dedicou-se até a morte a colocar em dúvida o significado das palavras, e no qual reconheço o pai ou precursor da crítica, sem menosprezar a importante figura de Aristóteles que, anos mais tarde, inauguraria, a partir de outra ótica, a crítica literária no sentido estrito.

Até o momento, minha exposição tem se baseado na literatura de transmissão oral. Tal insistência se deve ao fato de que, no meu entender, é necessário dialogar com o passado, com as origens, se quisermos compreender as chaves do presente. E me interessava de maneira especial essa volta ao passado porque, na literatura oral, por outra parte, se pode ver de maneira evidente o pacto que constrói e produz a literatura. E se não se tem certeza sobre esse pacto, que é parte intrínseca da literatura, dificilmente poderemos chegar a compreender as atitudes, imaginários e funções dos escritores, dos leitores e dos críticos.

O SILÊNCIO DO LEITOR

A passagem da literatura oral para a escrita não foi uma sequência historicamente linear, nem um processo de transformação pacífico. Não é minha intenção dar conta desse longo processo, mas é necessário destacar alguns pontos:

— A passagem da literatura oral à escrita não ocorre como mero efeito de um progresso técnico. Quando a literatura oral — da qual temos notícia — aparece, a escrita já é uma ferramenta à disposição da comunidade. Acontece, contudo, que a comunidade designa funções diferentes à palavra escrita e à palavra falada. A princípio, o escrito era próprio do inscrito. E o inscrito era a voz do que não tinha voz: as coisas e os mortos. Esse é o significado das inscrições: comemorar, compartilhar memória.

— A transcrição de um texto oral para um escrito é, em sua origem, uma escolha que se decide em função do que se considera memorável, do que deve fazer parte de nossa memória.

— A transcrição de um texto oral a um escrito não supõe, a princípio, que sua forma de recepção se transforme, porque sua realização como ato literário continuava sendo oral, ou seja, seu destino era a leitura em voz alta e na comunidade.

— A leitura em voz alta e na comunidade foi, ao menos até o século XVI, ou seja, até a aparição da imprensa, a prática literária dominante.

— A leitura solitária e silenciosa é uma prática excepcional até a chegada da imprensa. Inclusive, durante muito tempo, sequer a leitura solitária foi silenciosa. Um contemporâneo de Santo Agostinho se surpreendeu ao ver que o monge movia os lábios em silêncio enquanto lia.

— O texto escrito foi considerado, durante muito tempo, um mau sucessor de um texto oral. Lembremos novamente que, no diálogo *Fedro*, Sócrates insiste em que a escritura acarreta os seguintes perigos: debilita a memória, possibilita a confusão entre o texto e a realidade, impede o diálogo com o autor, incorpora uma falsa credibilidade.

Com esses reparos, o que Sócrates tentava apontar é que a escritura separa o leitor de seu contexto natural: a comunidade, o ser com os demais.

A literatura oral torna manifesto o pacto entre emissor e destinatário em seu próprio falar, que se produz em público. Esse "em público" é em si um pacto. Entre o pacto e o ato não há solução de continuidade, ambos acontecem em uníssono. Quem fala sabe que o estão deixando falar. Os que escutam sabem que estão deixando-o falar. Mas quando a literatura escrita aparece esse pacto perde — aparentemente ao menos —, sua condição de manifesto e uníssono. Quem escreve não sabe se o estão deixando escrever. Não sabe quem são seus leitores e, ao menos aparentemente, não precisa deles para levar a cabo sua escritura. Enquanto escreve não reconhece o pacto de consenso, pode, inclusive, esquecê-lo. Pode, portanto, não se perguntar por que escreve, para quem escreve ou o que escrever.

136 CONSTANTINO BÉRTOLO

A atitude do receptor varia radicalmente no caso da literatura oral e a escrita. Na leitura em voz alta e em comunidade, o ouvinte sente que o que ouve não se dirige a ele particularmente e sim a toda a comunidade, e tende a encontrar nas palavras seu significado comum. Compartilha sua leitura com os outros. Participa das palavras mas não se apropria delas. Na leitura silenciosa — dominante a partir da invenção da imprensa —, o leitor inclina-se a pensar, ou ao menos tem a possibilidade de pensar, que as palavras do autor estão escritas para ele, uma vez que é distinto dos demais, e busca nas palavras os significados mais singulares, subjetivando-as na razão e proporção de sua autodescrição como leitor. Ou seja, o leitor silencioso tende a privatizar as palavras nos dois sentidos do termo: torná-las sua propriedade privada e despojá-las de sua condição de palavras coletivas.

Com a passagem do oral para o escrito esse mesmo fenômeno de privatização ocorre por parte do escritor. Com a aparição da imprensa[64], o momento da produção do texto e sua recepção já não são coincidentes nem simultâneos e por tanto não é coincidente o momento da produção e do juízo. O pacto já não é simultâneo nem manifesto e essa circunstância permite que ambos, escritor e leitor, se esqueçam de sua existência.

Com a imprensa surge ou ressurge transformada, além do mais, uma nova figura: o editor, que parece poder ocupar o lugar do pacto entre autor e comunidade. Por um lado, pactua com o

---

64 Os trabalhos do tipógrafo italiano Ottaviano Petrucci (1466-1539) e outros nos permitem saber que a irrupção da imprensa não causou uma descontinuidade abrupta, mas para o objetivo de nossa exposição entendemos que esse fato não altera o argumento.

O LUGAR DA CRÍTICA 137

autor ao lhe garantir que sua obra interessa à comunidade. Por outro, pactua com a comunidade, mostrando-se como o avalista de que aquela obra é interessante para ela.

Todas essas transformações criam um lugar delicado e perigoso para esse pacto de consenso que, no meu entender, é parte intrínseca do ato literário. Com a leitura silenciosa aparece, como vimos, a possibilidade de que o escritor e o leitor esqueçam suas responsabilidades mútuas. Que esqueçam que, se escrevem e se leem, se falam e calam, é em função de um mandato da comunidade e dentro das condições sociais que a definem. Esse esquecimento poderia conduzir à falsa ideia de que a literatura se resolve no mero âmbito de um encontro pessoal entre o escritor e leitor. A literatura deixaria assim de ser um ato de desigualdade para converter-se em um ato de livre intercâmbio. Se a consciência do pacto desaparece, o escritor esquecerá que, se esse ato de violência que é a escritura pública — a vontade de impor as palavras — lhe é permitido, é pelo interesse da comunidade, que é possuidora real das palavras. E o leitor, por sua parte, esquecerá que se deixa falar ao autor é em função da responsabilidade que, como membro da comunidade, ela lhe exige em troca.

O NASCIMENTO DA CRÍTICA

Essas circunstâncias permitem o aparecimento de um mal-entendido que está, em minha opinião, na raiz do desconcerto atual da crítica Esse mal-entendido consiste em confundir a prática dos atos literários com sua significação. Consiste em ter acreditado que a escrita é um ato fundamentalmente individual, que a leitura é um ato radicalmente individual e que a crítica é um ato necessariamente individual.

A única fonte de legitimidade do ato de escrever reside na comunidade, uma vez que é a única entidade capacitada para aceitar esse ato de desigualdade que é a escrita. Se as palavras são da comunidade, somente ela pode homologar o seu uso.

Os problemas aparecem, como já apontamos, quando essa comunidade se torna complexa, seja pelo seu crescimento ou compartimentação. Numa comunidade deslocada pela divisão do trabalho e pelo aparecimento da propriedade privada, é produzida uma usurpação da legitimidade. Os grupos, castas ou classes dominantes definem-se e se justificam pelo seu papel de guardiões dos valores da comunidade e, portanto, como custódias das palavras. Se algo precisa ser vigiado é porque está ameaçado. Portanto, é na ameaça que podemos encontrar a função e os limites da custodia. Pois bem, a primeira ameaça provém, precisamente, do fato de que, perante o comum, uma parte da comunidade se erga como detentora e definidora das palavras dessa comunidade. Não esqueçamos que, em última instância, o significado de uma comunidade descansa sobre a ideia do bem comum. Quem monopolizar a sua definição deterá a legitimidade. Saber quem possui o poder sobre as palavras não é muito difícil de descobrir: é aquele que, em última instância, pode proibir o seu uso. Quem tem esse poder, tem também o poder de concedê-lo. Ou seja, quem legitima Sherazade[65] é o rei que

---

65 Personagem de *As mil e uma noites*, coletânea de tradição oral da cultura árabe. Narra a história do rei Sahriyar, que após descobrir a traição de sua mulher, todos os dias pedia ao vizir que lhe escolhesse uma nova esposa — que, na manhã seguinte, estaria invariavelmente morta. Até que Sherazade, bela, inteligente e educada pelos maiores sábios do reino, imagina um plano para acabar com a loucura do rei.

condena e mata, quem legitima Virgílio é quem desterra Ovídio[66].

Perante esse poder, que poder tem o escritor? Ou seja, onde pode encontrar uma legitimidade para seus atos a escrita, que não seja a legitimidade delegada ou concedida pelo poder político? No meu entender, o escritor tem apenas duas fontes de legitimidade. Uma consiste em reivindicar seu trabalho a partir de sua condição de "trabalho bem feito", dado que essa condição pode inserir-se diretamente no conceito de bem comum, que é, afinal, a fonte que legitima o poder político. Ou seja, frente a uma legitimidade, apresentar-se como outra legitimidade. Essa outra se apoiou durante longo tempo — até o Romantismo, ao menos —, na tradição, em cujo processo de criação e legitimação (pela lógica da divisão do trabalho) surge uma nova figura, aliada, a princípio, ao escritor: o crítico comentarista, o crítico exegeta, que pode ou não coincidir com a figura do escritor. O importante é que pode não coincidir, pois assim reforça a legitimidade de quem escreve, uma vez que este pode afirmar: "Não sou apenas eu (que sou parte interessada) que estou dizendo, mas o *corpus* crítico, o especialista em tradição, o filólogo". Perante a autoridade política,

---

Depois da noite de núpcias, e antes do amanhecer, Sherazade pede a Sahriyar que lhe conceda um último desejo: contar uma história. Sherazade conta uma história tão bela que deixa o rei encantado e assim, interrompendo a narrativa, e retomando noite após noite, encadeando história em história, consegue adiar a morte. Entre as narrativas de *As mil e uma noites* estão a de Simbad, o Marujo, e Aladim e a lâmpada maravilhosa. (N. do E.)

66 Virgílio e Ovídio são considerados dois dos mais importantes poetas da língua latina, tendo participado de sua Época de Ouro, sob os mandatos de César (100-44 a.C.) e principalmente Augusto (63 a.C-14 d.C.). Virgílio (70-19 a.C.) é autor de obras clássicas como as *Bucólicas* e a *Eneida*. Ovídio (43 a.C-17 d.C.) escreveu, entre outras, *Metamorfoses* e *Heroides*. Apesar do grande prestígio, Ovídio foi banido de Roma, desterrado, pelo imperador Augusto em 8 d.C. (N. do E.)

a autoridade da tradição. O escritor encontra, desse modo, um aliado, mas por sua vez cria a possibilidade de um inimigo, caso ocorra que o detentor da tradição não o inclua nela. Esse medo explicaria o constante receio dos escritores para com os críticos, e o porquê deles nunca terem renunciado a intervir na crítica: resistem a deixá-la totalmente em mãos alheias.

Para um poder, a presença de outro poder é sempre uma ameaça. Não é estranho, portanto, que o poder político contemple o aparecimento da tradição, como autoridade, com desconfiança, e, como consequência, intervenha em sua criação e controle (seja por meio de Academia, Universidade ou de toda uma teia de incentivos, prêmios, bolsas). Para resumir: o poder político vê na literatura — entendida como atividade de escritores e críticos — um instrumento mais de seu poder para legitimar a realidade mas, ao mesmo tempo, percebe na instituição literária um possível inimigo, o que explica as tempestuosas relações que ocorreram e ocorrem entre o poder e a literatura. De acordo com esse sistema de relações, o crítico fica capturado por aquilo mesmo que constrói: a tradição literária, e assim ocorre enquanto a defesa da tradição é a única coisa que o legitima tanto perante o escritor quanto perante o poder.

Perante o poder político — o dono da voz da polis —, o escritor pode construir outro poder baseado na autoridade da tradição literária, ou bem optar por outra estratégia: negar a esse poder a legitimidade de intervir em seu campo de competência — a estética como limite ou território cercado. Estratégia que surge com o Iluminismo e se assenta como Romantismo.

Mas vejamos o que ocorreria com um escritor que optasse por essa negação. É fácil entender que, numa comunidade na qual o poder fosse um poder absoluto, a negação desse poder estaria condenada ao fracasso: o silêncio do escritor. O poder — que é quem legitima, repito, esse ato de desigualdade que é a escrita —, lhe retiraria a palavra. Sherazade seria condenada à morte. Sócrates — embora não seja o mesmo caso — seria condenado ao suicídio. Giordano Bruno[67] seria queimado na fogueira. Garcia Lorca[68], fuzilado. Essa opção literária só é possível, portanto, quando o poder pode ser questionado dentro da comunidade, quando uma parte, ao menos, da comunidade, disputa com o poder constituído a posse do monopólio da capacidade para definir e gerenciar o bem comum, e em consequência, o monopólio sobre a definição dos valores comuns, sobre a cultura de uma comunidade.

A crítica como instituição nasce quando a discrepância sobre o controle das palavras e os valores encontra um lugar — social, político, cultural — articulado dentro do jogo de poderes existente numa sociedade complexa. Não há dúvida que, já na França que assiste ao triunfo de Corneille[69], que dá lugar à disputa entre o velho e o novo — crise de legitimidade da tradição — vislumbra-se o primeiro sinal da instituição crítica, mas, e aqui seguimos a linha de trabalho exposta por Terry Eagleton em *A função da crítica*[70], é na Inglaterra do século XVIII que a nova instituição perfila seu caráter.

---

67 Filósofo, astrônomo e teólogo italiano, Giordano Bruno (1548-1600) abandonou a Ordem dos Dominicanos em 1576, por oposição à ortodoxia escolástica. Defendeu a teoria heliocêntrica, em seu livro *De l'infinito universo e mondi* (1584), e, acusado de heresia pela Inquisição, morreu queimado na fogueira. (N. do E.)

68 Poeta e dramaturgo espanhol, Federico García Lorca (1898-1936) escreveu, entre outros livros, *Romanceiro cigano* (1928), *Bodas de sangue* (1933) e *A casa de Bernarda Alba* (1936). Foi assassinado por nacionalistas, em 1936, em Granada, pouco depois do início da Guerra Civil Espanhola. (N. do E.)

69 Poeta e dramaturgo, Pierre Corneille (1606-1684) é considerado o fundador da tragédia clássica francesa. Seus trabalhos mais importantes incluem: *Le Cid* (1637), *Horace* (1640) e *Nicomède* (1651). (N. do E.)

70 Ver Eagleton, Terry. *A função da crítica*. São Paulo: Martins Fontes, 1991. (N. do E.)

Eagleton assinala que a crítica literária nasce como movimento de oposição às monarquias absolutas. Um movimento de oposição que tem lugar dentro da esfera pública que a burguesia mercantil ascendente forma como resistência à razão de estado do absolutismo. Perante a razão de estado, o Estado da razão. Um programa que resume a filosofia do Iluminismo. Um programa político e cultural que propõe a razão como única fonte de legitimação perante aquela fundada na autoridade.

Nasce a crítica como um questionamento das palavras do poder. Como um poder perante o poder já instituído. E nasce na Inglaterra, e naquela época, porque ali e nesse momento estão dadas as circunstâncias apropriadas: acaba de acontecer uma revolução, condenou-se à morte um rei e, quando a monarquia se restaura, a sociedade resiste em aceitar a arbitrariedade do absolutismo. Ao mesmo tempo, o desenvolvimento mercantil permitiu o aparecimento de uma classe burguesa aliada economicamente com uma parte da aristocracia. Essa comunidade de interesses econômicos cria uma conivência de interesses culturais que se manifesta na tomada e transformação, por parte da burguesia, de cenáculos, clubes e publicações nos quais, com base na razão, tudo — todas as palavras — se discute. Surgem revistas como *Tatler*, *The Spectator*, *Monthly Review*, *Critical Review*, *Weekly Magazine*, associadas a personagens tão relevantes quanto Samuel Johnson, Steele, Addison, Oliver Goldsmith[71]. Nasce,

---

71 Escritores ingleses que participara, como fundadores, editores ou colaboradores, dos jornais e revistas inglesas citadas. Samuel Johnson (1709-1784) foi poeta e crítico, autor de, entre muitas obras, *Dictionary of the English Language* (1755) e *The lives of the Most Eminent English Poets* (1779), além de estudos relevantes sobre as obras de Shakespeare. Richard Steele (1672-1729) foi ensaísta e dramaturgo, fundou o jornal *Tatler* em 1709 e escreveu, entre outras, *The Christian Hero* (1701) e *The Tender Husband* (1705). Joseph Addison (1672-1719) foi poeta, jornalista e político.

portanto, a crítica cultural ligada de alguma forma ao aparecimento dos partidos políticos — *whig, tory* — e ao aparecimento do mercado. Nessa comunidade emergente encontrarão sua legitimidade novos autores, de Defoe a Fielding[72]. Autores que participam com suas obras na construção dessa comunidade cultural que a nova sociedade burguesa requer, e que nela encontram seus interlocutores e seus críticos.

Gostaria de salientar aqui que, na crítica cultural, ao contrário do que ocorre na crítica filológica, o escritor não cria o crítico, mas o encontra. A crítica cultural se torna crítica literária porque, dentro de seus interesses culturais, o crítico se encontra com a literatura e a julga. Essa estranha aliança entre a literatura e uma comunidade emergente é pouco frequente historicamente, mas a sua presença nos permite captar a permanência desse pacto de consenso que é parte intrínseca do literário. Gostaria de apontar, para complementar, alguns outros momentos nos quais ocorreu essa episódica coincidência: na Alemanha pré-nacionalista de Schelling, Schlegel ou Goethe. Na Espanha do último terço do século XIX com o aparecimento de uma burguesia liberal (Galdós[73] e Clarín) frente a uma burguesia retrógrada. Também na Espanha do pós-guerra, com o grupo cultural de resistência

---

Fundou e dirigiu, com Steele, *The Spectator*. Escreveu *Poems on Severall Occasions* (1719) e The Drummer (1716). Oliver Goldsmith (1730-1774), romancista, poeta e ensaísta, escreveu, entre outras obras, *The Citizen of the World* (1762) e *Retaliation* (1774). (N. do E.)

72 Henry Fielding (1707-1754) foi um romancista inglês, autor de, entre outros, *Tom Jones* (1749) e *A história das aventuras de Joseph Andrews e seu amigo o senhor Abraham Adams* (1742). (N. do E.)

73 Benito Pérez Galdós (1843-1920) foi um romancista, dramaturgo e político espanhol, autor de vasta obra, incluindo *Marianela* (1878) e *Tormento* (1884). (N. do E.)

antifranquista (realismo crítico, Castellet[74]). Gostaria ainda de pontuar que em uma comunidade emergente, o movimento de transformação nem sempre significa que a crise original se resolva em determinada direção, já que pela sua própria dinâmica desloca e rompe aspectos da vida social, troca posições e interesses e altera alianças, possibilitando que possam emergir tendências de signos contrários, como o romantismo católico na Espanha: Cecilia Bölh de Faber[75].

De modo algo solene, costuma-se afirmar que o poder político perdeu sua capacidade de intervir sobre os discursos literários com a constituição norte-americana e com a Revolução Francesa, uma vez que o direito de liberdade de expressão foi consagrado. A instituição literária via-se assim "livre" para competir com o resto das instituições sociais — Estado, Igreja, Universidade — na luta pelas palavras. Isso não quer dizer que a censura — religiosa, estatal, escolar — não continuasse tentando tolher essa liberdade. Em todo caso, sua legitimação havia desaparecido. E dentro da própria instituição literária, o jogo de interesses e domínio se repartia entre os escritores, leitores e críticos.

Mas o dado mais relevante aparece dado pelo apogeu do mercado, entendido como o livre jogo da oferta e da demanda. O mercado se assenta sobre um conceito de legitimação baseado no preço: eu falo porque você me paga. Eu me calo porque você

---

74 Josep Maria Castellet (1926-2014) foi um escritor, crítico e editor espanhol, com destacado papel na luta cultural contra a ditadura e na renovação da literatura espanhola e catalã. Foi diretor da Edicions 62 e escreveu e organizou vários livros, entre eles *Poesia, realisme, història* (1965), *Els escenaris de la memòria* (1988) e *Memòries confidencials d'un editor. Tres escriptors amics* (2012). (N. do E.)

75 Escritora espanhola, que usava o pseudônimo de Fernán Caballero, Cecilia Böhl de Faber (1796-1877) escreveu, entre outras obras, *La gaviota* (1849) e *Un servilón y un liberalito* (1857). (N. do E.)

me dá o que comprei. Nesse contexto, a escritura, ao menos aparentemente, já não é um ato de desigualdade, mas de liberdade. O conceito de liberdade que o mercado estabelece se baseia na falácia da individualidade: eu sou apenas eu, ou seja, escrever é um ato solitário, ler é um ato solitário e criticar somente pode ser, em consequência, um ato solitário. Um mal-entendido que o mercado precisa e fomenta. Viver é consumir. A cultura consistirá em saber consumir. O mercado capitalista supõe a dissolução da ideia de comunidade, a dissolução da ideia de progresso e a substituição desta pela ideia de desenvolvimento. O desaparecimento da ideia do bem comum ou sua ardilosa substituição pela ideia de que o único bem comum possível descansa sobre a existência do mercado.

Do meu ponto de vista, hoje, a única crítica que mereceria continuar se chamando assim seria aquela capaz de enfrentar esse poder que hoje chamamos mercado. O curioso é que esse poder parece não ter rosto, e essa aparente ausência de responsáveis dificulta extraordinariamente o enfrentamento. Além do mais, ele possui tal força de expansão que hoje tudo é mercado. Em outras palavras: até mesmo negar a legitimidade do mercado pode transformar-se em um ato mercantil, do mesmo modo que, dentro do campo literário estudado por Bourdieu[76], o repúdio à literatura de mercado pode acabar transformando-se numa forma de incrementar o capital simbólico. O mercado torna-se assim o único amo e guardião das palavras.

---

[76] Pierre Bourdieu (1930-2002) foi um dos mais importantes sociólogos franceses do século XX. Escreveu, entre outros, *Contrafogos* (1998) e *A produção da crença: contribuição para uma economia dos bens simbólicos* (2001). (N. do E.)

CRÍTICA E MERCADO

Perante esse poder, o que pode fazer o crítico literário? Perante qualquer poder, cabem apenas três alternativas: entretê-lo, interrogá-lo ou ignorá-lo. Curiosamente, essas três opções se traduzem em atitudes do escritor frente ao leitor: seduzi-lo (*As mil e uma noites*); interrogá-lo (*O príncipe*, de Maquiavel) ou ignorá-lo (a *Bíblia*).

Acredito que o crítico literário, hoje, se quiser disputar o controle das palavras com o mercado, precisa levar a cabo diversas tarefas. A primeira seria questionar esse poder mostrando que não é suficiente uma atitude de resistência. É necessária uma atitude de combate, e para que esse combate seja possível, o crítico precisa encontrar uma legitimidade fora do mercado. Se não a encontrar, o mercado o engolirá inevitavelmente. Essa nova legitimidade supõe construir e propor uma nova comunidade, ou seja, uma escala de valores radicalmente diferente, um projeto de bem comum diferente. Como construir essa comunidade? A resposta é complicada, e acredito que passa pelo estabelecimento de uma estratégia política (digo política, e não necessariamente militante). De qualquer modo, essa estratégia requer o reconhecimento prévio de que é preciso recuperar a ideia de comunidade como única forma de escapar da atual hegemonia da multidão, da quantidade. Essa recuperação é necessária para o que Musil chamava de "a salvação do espírito", ou seja, o espírito da comunidade. Toda crítica que não parta desses postulados, talvez insuficientes, mas necessários, está renunciando a ser crítica, a questionar o poder hegemônico.

Nos escritores, subjaz o desejo de dominar, de serem donos das palavras, e essa vontade persiste na atualidade. Acontece, contudo, que esse desejo está somente legitimado pelo sucesso,

O LUGAR DA CRÍTICA **147**

e os escritores curvam-se majoritariamente a ele. Entre as atitudes que são oferecidas ao escritor em suas relações com o poder — a de bufão, a de confessor, a de conspirador —, os escritores parecem ter escolhido majoritariamente o papel do bufão. Mas, ao abandonar a vontade de impor sua voz, os escritores estão renunciando a ser escritores, ao seu próprio ofício.

O desejo de apropriar-se das palavras é compartilhado por escritores, críticos e leitores, e com eles o mesmo acontece: não querem arcar com a responsabilidade que esse desejo acarreta e deixam a condição que lhes é própria. Os críticos limitam-se a transmitir; os leitores, a consumir. Hoje, nenhum dos três setores implicados disputa com os outros o significado das palavras. Quando muito, combatem por um lugar na circulação das mesmas. Ninguém se enfrenta ao dono atual das palavras: o poder econômico, o mercado e seus profetas — os discursos políticos.

II. A CRÍTICA COMO MERCADORIA

Chamamos mercadoria, no âmbito capitalista em que nos movemos, todo bem suscetível de ser trocado por dinheiro, sendo o mercado o instrumento que designa o valor monetário de tal troca. A tradição humanista, que sobrevive ideologicamente em nossas sociedades, se caracterizaria, entre outras coisas, por sua insistência no fato de que existem determinados bens, os mais nobres, que não estão sujeitos às leis do mercado. E assim, passam por humanistas as seguintes afirmações: a liberdade não tem preço; o dinheiro não traz felicidade; as obras de arte não são uma mera mercadoria; a vida interior é a vida autêntica; o pensamento não é um produto; a sensibilidade é um privilégio; a sensação estética não pode ser compartilhada; o inefável é inefável ou, o mais radicalmente humanista: a vida humana é sagrada, ou seja, não pode ser convertida às linguagens laicas do mercado. Na prática, esse humanismo domesticador funciona como uma espécie de fé que resolve em termos morais aqueles fatos ou atitudes que se mostram contrários a essas crenças —degeneração, falta ou escassez de humanidade, barbárie, capitalismo impaciente *versus* capitalismo de face humana. Disso se depreende que a mãe que vende sua filha está louca ou é cruel; que quem renega sua pátria é malnascido; que quem mata um doente é desprezível; do mesmo modo que, para o humanista, o artista que se vende ao mercado perde a condição de artista.

A crença geral consiste em aceitar que no nosso tempo convivem, ainda que em conflito, dois espaços diferenciados: um, determinado pelos valores de mercado, o laico; e outro, o sagrado, presidido pelos valores humanistas. Convivência conflituosa, com reconhecidas zonas de atrito, confusão ou solapamento, mas onde uma maioria dos cidadãos parece se desenvolver com bastante conforto, atendo-se ao preceito evangélico de "dar a César o que é de César e a Deus o que é de Deus", o que significa o mesmo que "a Pérez-Reverte[77] o que é de Pérez-Reverte e a Henry James o que é de Henry James".

Essa versão da cisão tradicional entre o sagrado e o profano, entre o corpo e a alma, está fortemente arraigada atualmente, ao menos no terreno das crenças explícitas, e apenas é questionada

---

[77] Arturo Pérez-Reverte (Cartagena, 1951) é um romancista e jornalista espanhol, autor de *O pintor de batalhas* (2006), *O quadro flamengo* (1990) e *O tango da velha guarda* (2012), entre outros. (N. do E.)

pelo discurso marxista e pelo discurso cínico. Mas se abandonarmos o território das crenças explícitas e adentrarmos o campo do implícito, parece claro que a expansão global do capitalismo e, portanto, a mundialização do mercado como mecanismo designador de valores, vem tornando patente que, na prática, o espaço do sagrado ou bem já desapareceu ou está a ponto de desaparecer, com o consequente perigo de extinção dos valores humanistas: a liberdade, o amor, a honestidade, a lealdade, a generosidade, o altruísmo, a fé, a tradição, a sensibilidade, o apreço. Em outras palavras, as fronteiras entre a indústria editorial e a edição literária já não estão nada claras, ainda que essa confusão, ao menos por enquanto, produza resistências que, de fundo, voltam a colocar sobre a mesa a questão do bem comum e sua tradução às práticas literárias.

Coberta pela expansão do sistema de mercado, a ideologia capitalista parece estar ganhando a batalha do pensamento, e o fruto dessa vitória seria o chamado pensamento único que, se bem recolhe alguns aspectos do pensamento cínico (e inclusive se abastece retoricamente de muitas das leituras economicistas que foram feitas de Marx), não renega, ao menos de modo expresso, os valores do humanismo, embora, claro, distorça sua leitura segundo seus interesses.

Diante do ataque do mercado, o humanismo sente a tentação biologista; refugiar-se mais uma vez na vida superior. Um radicalismo elitista que também explica o porquê das galerias de arte e das lojas de grife tenderem a agrupar-se nas mesmas zonas urbanas. Talvez seja conveniente colocar-se, logo de saída, em um lugar um tanto cínico para avançar em nossas reflexões. Por um lado temos a palavra mercadoria, que nos remete ao mundo laico, e por outro, o adjetivo artístico, que nos transporta ao mundo do sagrado. Não é meu desejo, contudo, situar-me no pensamento cínico, entendendo por cínicos aqueles que se rendem ao pessimismo, bem instalados na concepção de que "tudo vai mal e o mal é intransponível". Longe disso, tentarei situar-me na longa embora limitada onda do Iluminismo, procurando referencias na extinta disciplina da economia política para traçar algumas linhas muito gerais do que podemos chamar de economia política da literatura.

MERCADORIAS "ARTÍSTICAS"

O que são mercadorias artísticas? Apenas encontro uma resposta adequada embora um tanto óbvia: as mercadorias artísticas são aquelas que se definem como tal em um determinado mercado, concreto no espaço e no tempo. Minha reflexão irá centrar-se na circulação e não na produção dessas mercadorias, deixando de lado em parte a necessária discussão sobre as razões pelas quais determinadas mercadorias recebem a qualificação de artísticas, e que desempenha um lugar de especial relevância na hora de abordar colocações básicas que dizem respeito à crítica. As relações entre imanência e história constituem sem dúvida um espaço pertinente na biografia da crítica como instituição, se bem que — e sem negar tal qualificativo — tendo a pensar que o conceito mesmo de imanência é uma construção histórica.

No meu entendimento, o que ocorre a esse respeito é que, paradoxalmente, em cada momento determinado, a história constrói sua própria concepção do que é inalterável. Parece mais conveniente deter-me, com algum detalhe, nas diversas fases por que atravessam essas mercadorias e, a seguir, me restringirei às que são consideradas mercadorias literárias e mais concretamente, para simplificar, essa mercadoria literária conhecida como novela[78].

Fulano de Tal, produtor de textos, ocupa seu tempo, ou parte de seu tempo, durante um ano, escrevendo um texto que ele mesmo considera uma novela. O mesmo faz, nas mesmas condições, Sicrano de Tal, também produtor de textos. Ambos têm capital econômico suficiente para cobrir suas necessidades de subsistência (alimentação e moradia) e adquirir os produtos necessários para levar adiante sua tarefa (papel, caneta ou computador).

Para a construção de seus textos, ambos utilizam diversos materiais intangíveis: as palavras coletivas, a sintaxe de sua língua, o corpus de histórias que é patrimônio de sua cultura, técnicas de expressão que o estoque contido na história da literatura lhes proporciona ou que eles elaboram ou acreditam elaborar de modo original, e temas ou motivos presentes na comunidade ou que eles inventam ou acreditam inventar.

O caso é que ambos terminam seus textos e os enviam a diferentes produtores de livros, também chamados editores.

Seis meses depois, Fulano de Tal recebe uma ligação de uma editora que lhe oferece um contrato para a edição do seu texto numa coleção, com um acordo econômico de cinco mil reais como adiantamento dos direitos de autor sobre 10% do preço de capa para os exemplares editados. Por sua vez, Sicrano de Tal não recebe ligação nenhuma.

O que ocorreu a partir deste momento? Que Fulano de Tal passou a ser — e não por um ato de magia — um produtor de textos

---

[78] A distinção entre os termos "novela" e "romance", atualmente, no Brasil, se baseia em critérios como tamanho da obra e complexidade narrativa. Entretanto, tais critérios não são claros, ou, ao menos, consensuais. Assim, optamos, nesta tradução, pelo uso dos dois termos, sem distinção estrita. (N. do E.)

literários, enquanto Sicrano continua um simples produtor de textos. O primeiro produziu uma mercadoria — relembremos: um bem capaz de ser trocado por dinheiro — para o mercado editorial literário, e, enquanto literário, artístico, enquanto o segundo não produziu nenhuma mercadoria (a não ser que ele venda o papel escrito no mercado de papel usado). Também ocorreram mais coisas. Por exemplo: Fulano de Tal, que colocou seu manuscrito numa editora, trabalhou, no sentido econômico do termo, enquanto Sicrano não o fez, uma vez que, mesmo levando a cabo um esforço físico e mental seguramente notável, não pode assumir-se como trabalhador, uma vez que o produto de seu trabalho não entra no circuito da circulação econômica ele não pode apresentar-se como tal. No sentido econômico, o primeiro também não é um trabalhador, ou seja, alguém que vende sua força de trabalho porque esse é o único bem que tem para ser trocado. Não o é e, na verdade, não sente que perde nada por não sê-lo, uma vez que se considera "um artista". Agora, vejamos, o que há por trás desse conceito? Do ponto de vista econômico o artista é, tecnicamente, alguém que vende "livremente" — voltaremos a este "livremente" — um produto feito com seus próprios meios de produção, isto é, um artesão. No entanto, na realidade cultural atual, o artista aparece como o oposto a um artesão. O próprio do artesão é "o bem feito", enquanto que o próprio do artista, — e tenho de voltar ao que é obvio — é, mais vagamente ainda, "o artístico", conceito que, como avisei previamente, não vou questionar para além de fazer notar seu caráter de convenção social e histórica.

Do ponto de vista econômico, existem diferenças objetivas entre o artesão e o artista: o artesão primeiro vende o seu produto e em seguida se separa dele. O artista, em nosso caso, o escritor, ao contrário, mantém direitos econômicos sobre o resultado de seu trabalho (inclusive morais, segundo a Lei de Propriedade Intelectual). Algo semelhante ocorre com um músico ou com o autor de uma peça teatral, mas não acontece o mesmo com um pintor, um escultor ou um arquiteto, ao menos não da mesma maneira. Aparentemente, quando o produto de um artista é "reproduzível", ou seja, quando não é um produto que chega diretamente ao consumo, o artista mantém direitos sobre ele, direitos que se perdem no caso de produtos únicos — enquanto que, insisto, não se mantém quando são de consumo direto.

Antes de passar ao próximo ponto, gostaria de me deter em outra zona de reflexão: "o bem feito". Um conceito que pertence, a princípio, ao campo do artesanal, mas que, contudo — e apesar do teor "artístico" que o eleva a um lugar superior — o artista não renuncia. Na mercadoria artística, o bem feito se dá como pressuposto, como uma etapa necessária mas não suficiente. O artista, se diz, domina a técnica. O que chama a atenção é que o conceito de bem feito, diferente do que parece se pressupor, não é um conceito fixo ou objetivo. Quando pensamos em um trabalho artesanal bem feito pensamos, por exemplo, numa cabeceira de cama sólida, de nogueira, com algum entalhe que a personalize, a típica cama em que nascem ou nasciam, morrem ou morriam gerações e gerações de uma mesma família. Pergunta: uma cama dessas, hoje, seria uma cama bem feita? Digo hoje quando a maioria dos quartos não mede mais de seis metros quadrados, ou quando a mudança de uma residência a outra é bastante comum, ou quando existe a necessidade mental ou social de mudar a decoração de tempos em tempos, de acordo com a moda. Claro que entre a burguesia ilustrada, com recursos econômicos que permitem o luxo de morar em amplos espaços decorados com bom gosto, com certo "pedigree" estético, camas como a que descrevi são valorizadas, mas para a maioria da população que tem acesso a um consumo moderado e que se define precisamente por esse nível de consumo, o bem feito, neste caso, não seria uma cama minimamente sólida e funcional, que possa ser renovada de tempos em tempos, conforme o poder aquisitivo que se tem interesse em ostentar? Pode-se dizer que um carro está bem feito porque dura mais de 20 anos, quando passados apenas três já se quer trocar de modelo?

O EDITOR

Fulano de Tal encontrou editor, ou seja, um produtor de livros interessado em seu texto. Que figura é essa, do editor? No momento, sabemos que é alguém com capacidade para transformar, a princípio, um texto numa novela, ou num livro de poemas, ou seja, alguém dotado da capacidade de conferir, a princípio, repito, valor de mercado e a *artisticidade*, pelo menos em potência. Por outro lado, é alguém com a capacidade de transformar um texto privado em um texto público[79]. O editor publica, faz público, e esse "fazer-se público" é uma condição *sine qua non* do literário.

Não existe literatura privada. Quem escreve para si mesmo não é um escritor, socialmente falando; o texto inédito não é literatura. Pode vir a sê-lo, mas não é. No discurso humanista, um editor é alguém que coloca seus meios de produção a serviço de um texto que vale a pena dar a conhecer por sua qualidade literária; ou, para dizê-lo mais cruamente: alguém disposto a arcar com os custos correspondentes.

---

[79] Como se apontou na "Introdução", é evidente que o aparecimento do ciberespaço pode estar alterando de maneira radical a figura do editor, sem que caiba elucidar, neste momento, um perfil claro da sua provável transformação.

Vamos supor que existam três tipos de editores: o humanista, o híbrido entre humanista e capitalista e o capitalista selvagem.

O editor humanista seria alguém que têm os meios para produzir livros e está disposto a gastá-los em sua publicação. Custo em aceitar a existência de tanto desprendimento, mas poderia assumi-la, sempre que se aceite, por sua vez, o corolário correspondente: essa visão humanista implica em que o editor humanista é rico. O clássico mecenas altruísta, ou algum com concretos interesses políticos, ideológicos, institucionais. Por esse motivo, caberia deduzir que a base da produção econômica sobre a qual se erige o humanismo como programa universalista seria a riqueza generalizada da Humanidade, riqueza no sentido material mesmo, porque a outra, a riqueza interior, metáfora à qual foi transportada essa base produtiva, não serve para produzir mercadorias. "Mercadorias não, mas livros, sim", talvez alguém diga. Sinto desapontá-lo: sem dinheiro, não há livros.

O editor híbrido seria ao mesmo tempo um capitalista mediano e um capitalista humanista, ou seja, aquele cujo critério de seleção na hora de adquirir direitos de publicação sobre um texto compreende considerações de ordem econômico, como recuperar ao menos os custos e talvez um pouco mais, pensando em sua sobrevivência, mas também em elementos não econômicos, como o desejo de que chegue ao público um texto que julgue importante ser conhecido, seja pelos motivos que for. Essa concepção, soma de boa vontade com capitalismo humilde, requer, além do editor de atitude humilde, que existam outros capitalistas, humildes ou selvagens, dispostos a aceitar os seus produtos: o distribuidor e o livreiro.

O editor capitalista não humilde ou capitalista selvagem, sem rosto humano, impaciente, seria aquele que aprendeu que, para sobreviver como editor, deve gerar com sua atividade lucros suficientes para manter o seu capital; entendendo por suficientes aquilo que lhe permita resistir à concorrência. Esse tipo de capitalista compra direitos de textos pensando que, com a produção e venda dos livros que produza, gerará determinados lucros, sem que, a princípio, lhe interesse avaliar se esses livros são bons ou ruins para o público e sua saúde mental ou "semântica". Seu critério tem como base seu prognóstico sobre se são desejados ou não pelos prováveis compradores, ou seja, sobre a demanda que estimou como existente no mercado.

Os três tipos de produtores editores que acabo de descrever tão sumariamente são, sem dúvida, diferentes, mas compartilham determinados traços. Por exemplo, um dos bens instrumentais básicos de sua atividade, os textos que, ou não têm custo econômico, por serem de domínio público, a partir dos 70 anos da morte do seu produtor — caso que não vamos considerar aqui —, ou são bens cujo valor no mercado de compra e venda de textos não parece ter relação direta com seu valor de produção. Não vou aqui expor nenhuma teoria do valor. Basta lembrar apenas que os cinco mil reais que o editor ofereceu ao Fulano de Tal pela compra dos direitos de publicação de seu texto são insuficientes para que o afortunado Fulano de Tal recupere o capital consumido durante o ano em que se dedicou a escrever o texto. E um adiantamento de cinco mil reais pelo original de um escritor até o momento inédito supera a média real do mercado editorial. Que mercadoria é essa que alguém está disposto a trocar por um preço muito menor do que custa sua produção, até gratuitamente ou ainda oferecendo dinheiro ao editor para cobrir os custos dessa produção?

Esse questionamento dá lugar a mais uma pergunta, que deixo no ar: não seria normal, do ponto de vista econômico, que os escritores ou produtores de textos contratassem e pagassem as empresas editoriais para que estas divulgassem seus escritos?

O LUGAR DA CRÍTICA 157

É verdade que, na prática, essa mercadoria — o texto — não é trocado integralmente: o produtor de textos não vende sua força de trabalho (estamos, claro, falando do produtor de textos etiquetados como literários, pois há muitos outros produtores de textos "não literários", mais ou menos "fantasmas", que vendem sua força de trabalho: redatores de enciclopédias, de livros sob encomenda, de guias de viagem etc). Nem tampouco vende o seu trabalho, uma vez que o que a maioria dos escritores negocia são os direitos de publicação, mantendo a propriedade do seu texto (e, nesse sentido, parecem ocupar um lugar semelhante aos que alugam um imóvel. Embora, pensando que muitos dos que alugam um bem, conseguiram suas propriedades sem nenhum suor, esforço ou engenho de sua parte, talvez seja mais conveniente comparar os escritores aos inventores, que "vendem" sua patente ou aos programadores de *software*, que alimentam as empresas de informática).

Mas voltemos aos editores antes de seguir rumo aos críticos. Esqueçamos os mecenas e fiquemos com aqueles outros dois tipos que qualificamos como capitalistas, sejam humildes ou selvagens. Ambos precisam vender seus livros no mercado para obter os ganhos suficientes para sustentar-se como empresários. Já mencionamos que ambos precisam da existência cúmplice dos capitais alheios de distribuidores e livreiros, embora o capitalista selvagem possa decidir, a custa de seus lucros selvagens, estabelecer suas próprias redes de distribuição e pontos de venda, ou simplesmente fazer descontos maiores para distribuidores e livreiros que desse modo terão maior interesse em vender os seus livros e não os dos editores humildes.

De todo modo, a atividade de uns e outros editores desemboca no mercado e será este que os julgará como produtores da mercadoria livros. Quem produzir os livros que o mercado demanda, venderá seus livros. Quem não vender, não sobreviverá.

O MERCADO

O mercado é esse espaço econômico ao qual concorrem os produtores com seus produtos e os compradores com suas necessidades. Na realidade, essa concorrência está determinada pelas relações de produção mas, como não parece oportuno nos determos agora nessa questão, diremos simplesmente que, num sistema econômico generalizado, o mercado é uno — o que não significa que não possa ser segmentado teoricamente —, impessoal e derivado. Derivado em suas características desse mesmo sistema de produção que o produz, ou seja, que produz os produtos e produz as necessidades. Impessoal porque não é nenhum sujeito, mas um espaço econômico que traduz determinadas relações sociais: a praça pública na qual se realizam as transações entre mercadorias e necessidades materiais e imateriais por meio desse mecanismo que chamamos dinheiro. O que se costuma esquecer é que no mercado, que é único, atuam também outros fatores, por exemplo, os poderes: o poder de quem pode chegar antes e ocupar o melhor lugar, o poder de quem pode ocupar um espaço maior, o poder daquele que pode decidir que espaço ocupam uns e outros produtores. E, mais do que atuar, sempre está presente o dono dessa praça pública, chame-se Estado, Comunidade ou Sociedade, que, afinal, regula a ocupação do espaço público e recebe, portanto, as oportunas pressões dos outros poderes que querem intervir nessa divisão. Costumam aparecer nesse mercado também dois ou três clérigos que abençoam ou amaldiçoam lojas, mercadorias ou necessidades. E, claro, não falta a trupe de circo que monta seu espetáculo esperando recolher algumas das moedas que sobrem. Todos eles, como já foi dito e é óbvio, produtos e necessidades. Por trás desses produtos e necessidades, seus produ-

O LUGAR DA CRÍTICA

tores: obviamente os produtores de mercadorias e, isso tende a ser esquecidos, os produtores de necessidades.

Por esse mercado circulam as mercadorias artísticas, das quais ainda não falamos. Imaginemos toda uma zona desse mercado dedicada ao intercâmbio de mercadorias cujos produtores as etiquetaram como artísticas. Tudo transcorre normalmente: o público olha aquelas que conseguiram encontrar um espaço no mercado, paga por elas e as leva embora. Na frente de alguns quiosques, amontoam-se curiosos e compradores, diante de outros, quase ninguém para e poucos compram. Normal. Um dia normal de mercado.

Mas de repente alguém grita, ou fala em voz alta, e acontece uma reviravolta. O que acontece? A crítica entrou em cena. Mas vamos manter o suspense e dar um passo para trás.

Em todas as considerações anteriores, venho me referindo aos textos, livros, novelas, romances, como meras mercadorias, embora todos saibamos que não são meras mercadorias. São mercadorias artísticas e lembro que chamamos mercadorias artísticas aquelas que uma sociedade concreta reconhece como artísticas. A princípio, tudo parece fácil, até incluirmos a pergunta chave: todas as mercadorias que chamamos artísticas são artísticas? Antes de responder a essa pergunta, que volta a colocar a figura do crítico na primeira fila, é bom que retomemos nossa velha história sobre os produtores de textos. Numa análise meramente econômica, víamos como Beltrano de Tal, aquele cujo texto não foi encomendado por nenhum produtor de livros, não alcançava sequer a condição de escritor, nem a de trabalhador, artesão ou inventor. Era um zero à esquerda. O curioso é que, se introduzirmos a variável "artisticidade", esse Beltrano de Tal se transforma em outra coisa: vira escritor, talvez um escritor incompreendido ("Nestes tempos de literatura comercial nenhum editor se atreve a me publicar"), eventualmente um gênio ("Escrevo, como Kafka, para mim, e não quero publicar"), ou um maldito, perseguido, contestador, alternativo... Seja lá o que for, em todo caso um escritor. E, apesar de não publicar, talvez continue escrevendo, consumindo esforço e capital sem uma esperança razoável de conseguir alguma rentabilidade econômica para sua tarefa. Uma esperança não razoável, embora desde que se assuma a *artisticidade* tudo seja possível, e a História da Arte não deixará de dar exemplos de reconhecimento póstumo para consolá-lo.

Será também essa *artisticidade* que, no caso de Fulano de Tal, justificará que o pagamento que o editor adianta pelos seus direitos, geralmente irrisório, valha, contudo, a pena. "O importante não é o dinheiro", ele se dirá com resignação, ou bem descobrirá que, de fato, além do adiantamento monetário, a venda lhe traz outras vantagens: admiração, talvez alguma fama, prestígio ou o capital simbólico de que fala Bourdieu. Ou seja, ao publicar "arte" constatará que o seu valor de troca na sociedade-mercado foi incrementado, pode vender-se melhor, mais e por um preço mais alto: fazendo colaborações na mídia, conferências, fazendo parte de júris, participando de atividades na sua cidade etc. Comprovará assim que também a *artisticidade* é uma mercadoria, algo que se pode trocar por dinheiro, porque se o capital simbólico é capital, isso se deve a que, por alguma via, é transformável em capital monetário.

Outro tanto acontecerá com aquele editor mecenas e com o editor humilde, que de capitalista humilde se verá transformado em editor *cult*, intelectual, editor independente. Faço uma pequena digressão aqui para mostrar como ultimamente assistimos à tentativa falaz de se apoderar de um termo — o de "editor independente" — que historicamente nada tem a ver com o fato de possuir capital próprio nem com o tamanho da empresa, mas com o fato de editar contra o sistema político dominante. Até o editor capitalista selvagem sente que a *artisticidade* o melhora e enobrece. E algo semelhante ocorre com o pequeno ou grande livreiro que se "resigna" a ter de colocar em local de destaque o livro de Ken Follett, mas sente orgulho de ter na estante mais escondida da loja uma obra de Vincenzo Consolo[80].

Como o rei Midas, a *artisticidade* torna diferente tudo o que toca, ou seja, o torna melhor, dotado de distinção. Como se fosse um excedente que circulasse livre pelo tecido social e do qual todos podem se sentir participantes, alguns como artistas, outros como empresários ou vendedores, outros como consumidores. Como um excedente que, por menor sensibilidade artística que se tenha, pode tornar-se uma presença real em nossas vidas cotidianas e fazer com que esqueçamos o nosso sorriso servil de cada dia para quem nos paga o salário no fim do mês. Trata-se, além do mais, de um excedente limpo, que não deriva de nenhum tipo de exploração. Uma dádiva caída do céu diretamente sobre a condição humana. A pedra filosofal do humanismo: na arte todos somos iguais. Para gozar desse dom só é necessário apenas saber comprar arte no mercado das mercadorias artísticas. Mas, como saber o que comprar?

Voltemos a *Martin Eden*, uma novela e um autor sobre os quais pairam, no âmbito da crítica, dúvidas quanto à *artisticidade*. Como dissemos antes, no texto, o pobre e esforçado Martin conhece uma mulher de uma classe social muito mais alta, a quem conta que gostou de uns versos de Swinburne, ao que ela replica, um tanto paternalmente, dizendo que esse autor "não consegue ser um grande poeta". O encontro com esse comen-

---

80 Vincenzo Consolo (1933 2012) foi um escritor italiano, autor de, entre outros livros, *Nottetempo, casa per casa* (1992) e *Retabulo* (1987). (N. do E.)

CONSTANTINO BÉRTOLO

tário crítico será uma reviravolta para Martin, que acabará por descobrir que tudo o que ele gostava até então, já não mais lhe agrada. Tal é o poder da crítica ou, para ser mais coerente com o que a novela de London conta realmente, tal é o poder da classe ilustrada e dominante.

O que comprar, o que não comprar; o que ler, o que não ler; o que ouvir e não ouvir; o que sentir e o que não sentir. Esse é o lugar do crítico na circulação das mercadorias artísticas? Assessorar os possíveis consumidores de tais mercadorias?

CENAS NO MERCADO

Armou-se um rebuliço na praça pública, no espaço do mercado público dedicado a essas mercadorias sobre as quais estamos conversando. Vamos nos aproximar da cena. Ao redor de duas pessoas que gritam e se insultam mutuamente, formou-se um grupo de curiosos. Um dos personagens, um comerciante mal encarado e fora de si, xinga o outro, procurando a aprovação das pessoas. "Mas quem te deu lugar aqui?", "Quem é você para dizer que as minhas mercadorias não são artísticas?", "Por acaso você sabe mais do que nós?", "Está chamando de tolos todas essas pessoas que compraram minhas mercadorias?"... E em seguida, muito ladinamente, depois de sorrir para o público com malícia: "Quem te pagou para vir aqui armar esta confusão?" O outro — trata-se de um crítico —, tentando não perder o controle, busca também, embora de modo mais calmo, a aprovação pública, respondendo: "Sou a crítica", "Sou quem sabe o que é artístico e o que não é", "Ninguém me paga, digo o que digo por que quero, gosto disto e disto não gosto". "Digo que as mercadorias que o senhor vende são ruins para as pessoas, enchem suas cabeças de minhocas, entretém a todos de um jeito ruim", "Sou o guardião da arte". A confusão continua, o público se divide em grupos, a disputa parece estar a ponto de ir para as vias de fato quando chega a polícia e leva os dois contendores. Deixemos que saiam de cena por enquanto e tiremos algumas conclusões.

Contra o que geralmente se pensa, a crítica não é uma instância mediadora entre o escritor e os leitores. Esse é o papel dos editores, cujo trabalho consiste em propor à comunidade ou ao mercado aquelas leituras que, em sua opinião — critério editorial — possam satisfazer suas necessidades. O crítico analisa e atribui valor a essas propostas e, portanto, o seu trabalho o coloca entre a edição e os leitores. A prática é enganosa e tende a nos fazer pensar que os críticos falam de escritores, quando, na realidade, estão falando de propostas editoriais. Essa reflexão deveria aliviar alguns tradicionais ressentimentos que agitam de vez em quando as, no geral, autossatisfeitas águas literárias. Seria bom que os escritores entendessem que os críticos não têm como objeto suas obras na medida em que pertencem à sua privacidade, mas, e apenas, quando passam pela decisão editorial de torná-las públicas. E seria especialmente conveniente que os críticos também entendessem que o seu trabalho começa e termina na instância do público.

Uma editora é, em última instância — e quase sempre também em primeira —, um poder econômico, grande, médio ou pequeno, com capacidade para intervir no público, pois não é outra coisa a tarefa de "publicar". E o trabalho do crítico consiste em julgar a partir de seus próprios critérios a conveniência ou não dessa publicação. Na realidade, essa capacidade não recai propriamente nos críticos, enquanto pessoas privadas. São os meios que tornam "públicas" as críticas dos que realmente intervém no debate[81]. E os meios, não nos esqueçamos, também são um poder econômico que, como todo poder, desloca seus interesses ao âmbito cultural, isto é, ao espaço onde se produzem, circulam e consomem os valores, os imaginários e as necessidades coletivas. Essa concorrência de poderes entre meios de produção que disputam a configuração do que é público costuma ser vivida por escritores e críticos utilizando esse perigoso e hipersensível sentimento que chamamos de "amor próprio". Desde Marx, Nietzsche e Freud sabemos bem que uma coisa é o que a gente acredita que faz e outra muito diferente o que realmente faz. Essa confusão ideológica explica em parte a situação atual da crítica literária.

CATADORES, GUARDIÕES, TRIBUNOS

Para além de críticos bons ou ruins, ignorantes ou bem formados, honestos ou corruptos, pode-se delimitar, do ponto de vista funcional, três categorias de críticos: os catadores, os guardiões e os tribunos.

Os catadores seriam aqueles que assentam e legitimam seus juízos em seus próprios gostos, em seu paladar literário: gosto disso, não gosto daquilo. E seus argumentos, logicamente, nos remetem a sensações e impressões. Para esse tipo de críticos, a literatura se reduz a um simples intercâmbio de privacidades e sua mera função consiste em fomentar ou frear o consumo. Como o gosto costuma ser bastante menos pessoal que o que o seu próprio narcisismo os leva a crer, o gosto desses críticos coincide

---

81 Também nesse âmbito a blogosfera e fenômenos semelhantes poderiam produzir mudanças significativas.

quase sempre com o gosto dominante. Abundam e sobrevivem bem no mercado, principalmente se conseguem — tarefa nada fácil — apropriar-se de um tom radical que, ao mesmo tempo, não questione o gosto hegemônico.

Os guardiões são mais escassos. A fonte de legitimidade que reclamam é a Literatura (assim, com maiúscula), uma entidade um tanto metafísica que eles tendem a identificar com a história da literatura, com o cânone mais ou menos explícito ou com uma inapreensível qualidade do discurso que vive sua vida para além dos fatos e situações sociais nos quais tem lugar a produção e recepção desse tipo de discursos. Numa frase de Musil percebem-se os guardiões dessa qualidade e, em seu nome, medem, calibram, homologam. Alcançar a categoria de "guardião da pureza" requer conhecimento do campo, da História da Literatura, e certa bagagem técnica — via estilística, estruturalismo ou Teoria Literária — para oferecer um instrumental "sacerdotal" à altura do empenho. A reunião dessas qualidades faz com que sejam escassos, e mesmo quando essa escassez os torna desejáveis, seus conflitos com o meio — pois o seu sentido de exigência costuma chocar-se com a conveniência informativa — podem fazer com que se tornem uma espécie em extinção. São facilmente reconhecíveis por recorrerem a uma linguagem objetiva, enfática e um tanto categórica, na qual aparecem, como argumentos de autoridade, citações e referências de autores, obras e críticos reconhecidos.

A categoria de críticos que denominamos tribunos, em clara relação com os "tribunos da plebe" da antiga Roma, desapareceu de nosso espaço literário. O tribuno sente-se legitimado e responsável perante a polis, e por isso sua crítica é, no sentido aristotélico do termo, uma crítica política. Não que o tribuno faça transbordar o político na literatura, mas sim que enquadre os textos literários nesse contexto inevitável e geral que é a vida comum. O tribuno julga aquilo que se faz público e o relaciona com o bem comum, com o que é ou seria bom para a saúde da sociedade e, para isso, avalia e julga a saúde literária das obras que se oferecem a partir dessa perspectiva. Em sociedades complexas como a nossa, nas quais o bem comum é um conceito em disputa, o tribuno optaria por um ou outro entendimento, e a partir dessa escolha atuaria, criticaria. Seu perigo reside em menosprezar o que a literatura tem de patrimônio material que mostra a soma de realizações levadas a cabo ao longo da História no terreno da expressão e representação da realidade social, mediante processos que têm a palavra como ferramenta primordial. O crítico como tribuno requer, como todos, uma tribuna e portanto precisa que no dinamismo social coexistam com relevância, ou seja, com poder, opções distintas sobre o conceito do bem comum. Quando determinadas instâncias sequestram de maneira hegemônica uma determinada ideia sobre o bem comum, ou monopolizam os meios de produção e expressão que participam na sua construção, o tribuno perde seu espaço, ou seja, deixa de existir. E é isso exatamente o que está ocorrendo nesses tempos em que impera não tanto o pensamento único — conceito perigoso, em minha opinião —, mas um pensamento hegemônico que nega qualquer ideia de bem comum que ultrapasse a mera soma dos bens individuais, no qual os meios de produção e expressão desse pensamento quase monopolizam a voz da polis, se é que algo ainda resta dela.

Essas três categorias, na prática cotidiana, ou seja, no mundo das revistas e suplementos literários, nem sempre aparecem com perfis nítidos ou bem definidos. Traços de cada uma delas se cruzam e entrecruzam, e não faltam exemplos de catador que cita Steiner[82] a torto e a direito, nem de guardião que se deixa levar pela exaltação lírica, nem de falsos tribunos que confundem o político com as boas intenções de esquerda. Contudo, acredito que seja tarefa bastante difícil a sua classificação esclarecendo, caso a caso, o nicho categorial no qual cada crítico se acomoda.

VOLTANDO AO MERCADO

Podemos agora seguir novamente o policial que levou os briguentos — comerciante e crítico — perante a autoridade do mercado. Esta ouviu o ocorrido e prepara-se para dar seu veredito. Dirige-se primeiro ao comerciante: "O senhor parece não entender que estamos em um mercado livre; o senhor traz suas mercadorias livremente e livremente as expõe ao público, e dessa mesma liberdade da qual o senhor se beneficia nasce a crítica, que também é livre. Existe liberdade de expressão e opinião no mercado. Acabaram-se os tempos em que a liberdade estava tolhida pela Igreja ou o Estado ou pelas ideologias dogmáticas. Não existe censura dentro do mercado. A mesma liberdade que dá ao senhor o direito de vender, dá ao crítico o direito de julgar. Haverá críticos que elogiem suas mercadorias e outros que as desprezem, mas a liberdade é a mesma para todos. Sejamos livres e mantenhamos a paz".

E, logo depois, diz ao crítico: "O senhor, senhor crítico, seja livre mas não totalitário. Não diga 'isso é ruim', diga, melhor 'eu acho que isso é ruim'. Não pontifique, pois o tempo das verdades eternas terminou. Melhor, informe: esse produto é fa-

---

82 George Steiner (Paris, 1929) é crítico literário e professor. Autor de diversos livros, entre eles *A morte da Tragédia* (1961) e *Gramáticas da criação* (2001). (N. do E.)

bricado por Tal, com materiais de tal tipo, com essa ou aquela técnica. Descreva, descreva, informe para que os consumidores possam exercer melhor sua liberdade. Deixe que eles, que são os que pagam, sejam os que definitivamente julguem. Pois tudo, menos a liberdade, é relativo, e o mercado é mais sábio do que qualquer um. Seja livre e venda a sua mercadoria mas não pretenda impedir a liberdade dos outros. Raciocine, argumente, elogie ou menospreze. Tudo tem seu preço e o mercado dirá qual é o seu. Defenda a *artisticidade* tal como o senhor a entende, lute por ela, mas não pretenda ter a última palavra, porque também as palavras devem circular livremente no mercado. Tudo seja pela bendita liberdade, que não tem preço. Podem ir em paz. Abandonem a sala, que agora tenho assuntos mais graves para tratar. Um bando de malnascidos foi pego na entrada do mercado onde, clandestinamente, distribuíam folhetos rancorosos manifestando que no mercado chama-se liberdade o que é apenas poder. Serão condenados."

Daquele mercado arcaico, idílico e medieval, com suas banquinhas, saltimbancos e contadores de contos ou cantores cegos, já nada sobra. Hoje o mercado não é lugar de encontro da oferta e da procura, mas o meio de produção tanto da oferta quanto da procura. Hoje não se produz *para* o mercado, mas *no* mercado. Falamos de um mercado que funciona globalmente, como núcleo forte do sistema de comunicação social, e que, no que afeta o campo literário, tem se imposto como mecanismo determinante não só da distribuição e circulação das mercadorias literárias, mas também na própria produção do literário. Até pouco tempo, ocupava sem concorrência o espaço da literatura industrial ou comercial mas competia com outras instâncias: o sistema educativo, a crítica, a própria instituição literária, na hora de criar e modelar as necessidades de leitura. Hoje, quando as fronteiras entre a literatura industrial e a literatura de vocação humanista se apagam, quase não encontra concorrência na hora de modelar as necessidades de leitura e os valores do marketing são interiorizados por escritores, críticos, leitores e editores. O marketing como poética. Enquanto a literatura manteve sua relativa autonomia dentro do sistema econômico, o mercado, como modo de regulação do intercâmbio social, formava parte de seu entorno e, portanto, mesmo que reagisse a seus estímulos, não estava determinada por ele. Mercado e literatura são instâncias que convivem com maiores ou menores tensões desde tempos muito longínquos. A novidade é que a autonomia da mercadoria literária tem se diluído de maneira acelerada e a literatura integra-se sem muitos problemas nas indústrias do ócio e do entretenimento. Evidentemente, essa tendência do sistema literário a esvair-se no interior do sistema de mercado acabará supondo, se já não supõe, um deslocamento do lugar da crítica para posições próximas às que ocupa a publicidade. Um caminho que se anuncia como impossível de deter.

O BANQUETE DOS NOTÁVEIS

Na novela de Thomas Hardy, *The Mayor of Casterbridge*[83], há uma cena que bem poderia servir de ponto de partida para colocar alguns questionamentos sobre o lugar da crítica literária hoje. Como alguns se lembrarão, a novela de Hardy conta, entre outras coisas, a história de Henchard, humilde arrendatário de terras que se torna, por meio de seus negócios, um poderoso comerciante de grãos, seguindo trajetória social ascendente que o levará a ser nomeado máxima autoridade do município. A cena transcorre durante a noite na qual se celebra o banquete dos notáveis daquela cidadezinha, presidida pelo prefeito. Um grande jantar público ao qual não foi convidado o povo, mas no qual se costuma deixar os portões abertos para que todos possam ver e escutar o que ali se passa. Vamos à cena:

> A banda atacou agora outra melodia; quando terminou, estava concluído também o banquete, e começou a roda dos discursos, que podiam ser ouvidos clara e distintamente, uma vez que a noite era serena e as janelas continuavam abertas. A voz de Henchard se elevava acima do resto; estava contando uma anedota relacionada com o comércio do feno: como tinha dado um jeito em um espertinho que quis zombar dele.

---

83 Romancista e poeta inglês, Thomas Hardy (1840-1928) é considerado um dos maiores romancistas do final da era vitoriana. *The Mayor of Casterbridge* foi lançado em 1886. Hardy escreveu também, entre outros, *Tess* (1891), *Judas, o obscuro* (1895) e *A bem-amada* (1897). (N. do E.)

— Ha, ha, ha! — Respondeu o auditório quando a história chegou ao fim, mas a hilaridade geral interrompeu-se bruscamente quando alguém protestou:

— Tudo está muito bem! Mas o que acontece com o pão, que está ruim?

A voz vinha da outra ponta da mesa, onde se sentava um grupo de pequenos comerciantes, os quais, embora também convidados para a festa, pareciam ser de um nível social mais baixo que os demais. Também pareciam professar certa independência de opinião e fazer propostas não de todo harmoniosas com o que era defendido na cabeceira da mesa (de modo parecido a como, às vezes, na ala oeste de uma igreja canta-se de forma persistente fora do tempo e fora do tom em relação às vozes que cantam no presbitério).

Esse inciso sobre o pão ruim despertou uma satisfação infinita nos curiosos congregados no exterior; alguns deles eram dessas pessoas que gostam de ver os outros em apuros. Por isso disseram, em coro, e com bastante desenvoltura:

— Isso! O que acontece com o pão ruim, senhor prefeito? — E como não precisavam guardar a mesma compostura dos que estavam dentro, se permitiram acrescentar. — O senhor teria que falar sobre isso, senhor prefeito!

O prefeito não teve como não perceber aquela interrupção.

— Bom, reconheço que o trigo ficou ruim — disse. — Mas eu tive a mesma surpresa quando o comprei, tanto quanto os padeiros que o compraram de mim.

— E que os pobres que tiveram de comê-lo, gostassem ou não — disse uma voz destemperada através da janela.

O rosto de Henchard escureceu. Sob sua fina pele escondia-se a cólera, a mesma que, intensificada pelo álcool, havia desterrado sua mulher, fazia já quase vinte anos.

—Vocês devem levar em conta que situações imponderáveis podem surgir numa transação tão grande — exclamou. — Devem saber que o clima na colheita desse trigo foi o pior dos últimos anos. Contudo, já tomei algumas medidas urgentes. Como meu negócio é muito grande para uma única pessoa, publiquei um anúncio procurando um homem competente que se encarregue do departamento do trigo. Quando eu o contratar, vocês verão que esses erros não voltarão a ocorrer. As coisas serão mais bem estudadas.

— Mas, como o senhor pensa nos indenizar por tudo o que perdemos? — perguntou o homem que havia falado antes e parecia ser padeiro ou dono de moinho. — A farinha estragada será trocada por um grão bom?

Em minha opinião, essa cena resume de modo exemplar o que temos falado sobre o espaço da literatura: discursos que se tornam públicos no âmbito do público: a comunidade. O ato literário é precisamente isso: alguém toma a palavra e pede para ser ouvido, lido. A princípio, a legitimidade para tomar a palavra provém não de seu discurso mas da instituição literária que por convenção (historicamente forjada) contém esse privilégio (do mesmo modo que Henchard está legitimado para falar pelo cargo institucional — a prefeitura — que desempenha). Em nossa prática real quem institui, a princípio, o escritor é o editor, quando outorga ao discurso privado do autor a categoria de publicável e, como consequência, de "tornar-se público". Quem homologará finalmente essa legitimidade será o público, e entendo por público, como já falamos, todo aquele conjunto de cidadãos interessados objetivamente nos discursos que por ser públicos os afetam e que, quando afetados, mostrarão sua conformidade com o discurso que o autor, por meio do editor, lhes propõe. Se não estão de acordo, o que ocorre na cena transcrita, questionarão a legitimidade ou retidão daquele ato literário — tomar a palavra em público — e a manifestação desse desacordo dará lugar a um novo discurso político: o discurso crítico. Crítica que, na cena proposta, recolhe implicitamente a possibilidade de uma narração crítica: a história do pão ruim. Quero salientar, ainda que volte depois a falar disso, que nesse caso o discurso crítico não se estabelece em contra do "texto" concreto enunciado pelo prefeito — "Tudo está muito bem!" — diz a voz que o interpela, mas sobre o que esse discurso não diz e portanto oculta: "Mas o que foi que aconteceu com o pão, que está ruim?". Isso, transposto, por exemplo, a um contexto literário como o nosso, que desde o final dos anos 1970 se distingue por seu afã de nos contar "histórias" no sentido com que na linguagem coloquial falamos "não me conte histórias", poderia se traduzir num "Senhores escritores, não venham com historinhas".

A cena da novela de Hardy propõe e exemplifica o espaço próprio da narração crítica: o colocar em dúvida a legitimação das narrações alienantes, ao mesmo tempo em que, narrativamente, esclarece o lugar da crítica — questionar em público, a partir do público e do que é público, o discurso do poder.

Mas, evidentemente, a cena da novela é difícil de transportar para nossos tempos. No relato de Hardy o público está presente, o prefeito é ouvido por toda a comunidade e não existem instâncias intermediárias entre a voz do autor e a reação ativa do público, seja esta ação simplesmente calar, aceitar, rir ou protestar. Na literatura oral o ato literário é simultâneo em todas as suas facetas, enquanto na literatura escrita essa simultaneidade foi separada em atos parciais: o escrever do autor, a publicação, a distribuição, a venda, a compra, a leitura e as consequências, ecos e retornos dessa leitura. Mas essa ruptura ou separação do ato literário não comporta a dissolução do que essencialmente constitui todo ato literário: um falar — escrever — público e um ouvir — ler — público. A literatura, o escrever público, tem sua origem num ato de desigualdade: eu falo (escrevo), você cala (lê). Não um ato executado por alguém não igual (o autor como alguém especial), mas um ato que implica desigualdade ao produzir-se. Essa desigualdade se legitima democraticamente por meio do referendo da comunidade (que não é o mercado), que é quem confere, nega ou questiona o discurso do autor. Na raiz da literatura está o pacto entre o autor e a comunidade a quem o discurso se remete (comunidade esta que é proprietária das palavras), e esse pacto, que cria responsabilidade tanto no autor quanto na comunidade é parte intrínseca, essencial, do ser da literatura. Do meu ponto de vista, sem esse pacto não existe literatura. Pode haver produção de mercadorias de aparência literária, mas será sempre uma mercadoria no sentido de sucedâneo, do mesmo modo que uma moeda de ouro se diferencia de uma moeda de estanho que tenha recebido um banho dourado.

A voz discrepante na cena de Hardy denuncia precisamente a fraude que está acontecendo referente a esse pacto, já que o que o prefeito faz em sua literatura é esquecer que, se ele tem o direito de falar em público é porque a comunidade o outorgou a ele em função de seus interesses (os da comunidade) e não em função dos seus interesses pessoais. A voz discrepante, crítica, o deslegitima simplesmente porque ele não esteve à altura da responsabilidade que esse pacto literário acarreta. O que essa voz crítica julga é a responsabilidade e não a "arte" do prefeito ao contar a sua história.

Sem me deter neste momento nas transformações históricas que cada uma dessas separações pressupõe para o ato literário, gostaria, ao menos, de ressaltar novamente que a passagem da literatura pública para a literatura silenciosa e solitária favoreceu o esquecimento desse pacto de responsabilidades públicas que o escrever acarreta, e fomentou a *"illusio"*[84], no sentido bourdieuano do termo, de que a leitura é um ato privado, um diálogo — como se diz — de intimidades. Essa ilusão, incrementada pelas ideologias culturais que acompanham o individualismo, romantismo e existencialismo, provocou, por sua vez um sentimento generalizado de que a literatura pertence ao âmbito que denominaria "o religioso" — a reverência para com Steiner de nossos intelectuais parece confirmar tal fato —, mas que amiúde se disfarça de transcendentalismo, humanismo ou antimaterialismo. E digo religioso porque esse sentimento está profundamente relacionado com a ideia de uma salvação do eu — leio, logo existo, escrevo, logo sou imortal — por meio do contato transfigurador com o superior, o eterno, o inefável, o inexpressável. Sentimento místico que talvez tenha levado alguns a propor um entendimento do romance como "uma síntese dialética, em permanente conflito, da História e do não historificável: a poesia", voltando assim à famosa e escolástica dualidade — não dialética — entre alma e corpo. Sentimento místico esse que, também, muito curiosamente, parece ter se aninhado em alguma visão "social" da literatura que confunde ou confundiu a responsabilidade social que caracteriza a literatura enquanto discurso público com o paternalismo redentor para os que não têm voz (que se ouça, ou seja, legitimada), e que, portanto, nunca poderiam exigir responsabilidades.

Não obstante, acredito que apesar da dificuldade de transpor a cena da novela de Hardy para nossos tempos acontecem, no

---

84 Na sociologia de Pierre Bourdieu, *"illusio"* representa o interesse que os agentes sociais têm por participar do "jogo social", que, como produto histórico, todo campo gera. A *"illusio"* é estar preso ao jogo, preso pelo jogo, ter a crença de que o jogo vale a pena ser jogado. (N. do E.)

CONSTANTINO BÉRTOLO

episódio proposto, atitudes e situações que vale a pena examinar com algum cuidado se quisermos responder à pergunta sobre se é possível a crítica e, por derivação, a narrativa crítica.

Lembremos a situação em que a crítica ao discurso do prefeito ocorre: uma comunidade fragmentada em três grupos sociais. Grandes comerciantes com o prefeito na cabeceira, um grupo de pequenos comerciantes que "pareciam ser de um nível social mais baixo" e o povo, que assiste como testemunha através dos portões que permaneceram abertos. Cenário que poderíamos resumir da seguinte maneira: interesses conflitantes, informação transparente e diversidade de projetos. Em minha opinião essas seriam as três condições indispensáveis para que a crítica, narrativa ou não, possa ocorrer. São três situações objetivas, materiais, que nada têm a ver com a vontade pessoal de fazer ou não uma crítica.

É o "material" o que está magistralmente narrado na cena que comentamos: a contraposição de interesses. Grandes comerciantes, pequenos comerciantes, o povo, ocupando três geografias narrativas: a cabeceira da mesa, a outra ponta da mesa e o exterior. Informação transparente: os portões abertos para que todo mundo possa saber. Diversidade de projetos: para o prefeito, negociar o grão; para o pequeno comerciante, vender o pão ou moer o grão; para o povo, ter de comê-lo, goste ele ou não. Magistral é o tratamento que Hardy dá a essa diversidade de projetos por meio da voz desse pequeno comerciante que ao mesmo tempo em que discorda do prefeito coincide com ele em última instância: "Mas, como o senhor pensa nos indenizar por tudo o que perdemos?". Um diálogo com três grupos que é um exemplo de rigor narrativo. Hardy não precisa de nada mais para revelar o jogo de tensões sociais que confluem na cena. Lhe basta esse rigor narrativo a partir de quem constrói o olhar. Não é nenhum herói quem se levanta para manifestar seu desacordo, é simplesmente uma voz possível numa situação possível.

É possível hoje essa situação? Essas três condições estão dadas? Penso que não. Primeiro, e de modo fundamental, porque os portões estão fechados; segundo, porque a contraposição de interesses é muito relativa e terceiro porque não há projetos divergentes. Os notáveis sentados na cabeceira da mesa são os donos efetivos dos meios de informação e comunicação. E são esses meios que produzem a chamada crítica, não importa quanto isso pese ao ego dos indivíduos que escrevem essa crítica. E são esses meios os que produzem a informação e a desinformação, os que, para dar um exemplo, nos informam uma e outra vez que a luta de classes não existe mais, ou seja: que já não há ninguém do outro lado dos portões fechados. Luta de classes que, para uma imensa maioria dos intelectuais ou escreventes de hoje, parece fazer parte dos pressupostos históricos que a própria História derrubou. Já sabemos: o fim da História, a passagem da História para historinha.

A contraposição de interesses é muito relativa. Se não tem ninguém do outro lado dos portões fechados da cena, e continuo com a novela de Hardy, tudo se reduz a um jantar de notáveis. Ainda que uns sentados na cabeceira e outros "na outra ponta da mesa", mas todos comendo a mesma torta e os mesmos manjares, mesmo que alguns desses manjares cheguem, fazer o quê, em menor quantidade, mais frios ou mais feios, na ponta. O mesmo narrador do episódio que comentamos nos faz notar que a mera discrepância interna não passaria de uma desarmonia pouco grave, mas ao ser assumida para além dos portões — esse lugar onde já não é necessário manter a compostura — ganha significado e força. Vivemos tempos pós-modernos. Agora o sistema parece ter se modernizado e as mesas se tornaram redondas para que já não fique tão claro quais são os extremos e qual é a cabeceira. É preciso prestar atenção e ter rigor no olhar para descobrir, mas ninguém parece ter muito interesse nisso, pois sempre resulta incômodo se reconhecer como convidado de segunda ou terceira classe. Além do mais, como diz o narrador, é preciso manter a compostura, comportar-se como "alguém dos nossos", não elevar demais a voz e procurar ser ameno para tentar ganhar postos mais próximos dessa cabeceira que não parece existir mas que todo mundo reconhece e acata. E se para isso for preciso contar historinhas, muito bem; e se para tanto for preciso contar historias do passado que em nenhum momento questionem o presente ou o futuro (a memória como nostalgia autocomplacente), pois serão contadas (do mesmo modo que Henchard conta uma história do seu passado mas nada diz sobre a indignidade que vinte anos atrás cometeu ao vender sua mulher e sua filha por umas poucas moedas); e se o que se quer é a garantia de ser ouvido, nada melhor do que introduzir um pouco de suspense na historinha e um pouquinho ou muito de morbidez e um pouquinho de metaliteratura ou de psicanálise barata para que todos notem que dominamos o tema, sem esquecer algum comentário ideológico mais ou menos revestido de ironia para rir de modo cúmplice de "quando acreditávamos, ingênuos, que havia alguém do outro lado dos portões". E se para alguns os manjares chegam frios demais e estragam um tanto o banquete, não há razão para se preocupar: sempre há um livro de reclamações onde se pode desabafar (sem perder a compostura). Inclusive, isso pode se transformar em um gesto positivo: "Esse cara tem iniciativa, pode me apresentar a ele?". Não existe saída: ou a gente se retira do jantar dos notáveis mas... para onde, se não há nada mais para além dos portões? Ou tudo permanece mercadoria. Não vale reclamar, o destino das reclamações é serem lidas pelos mesmos que organizam o jantar. Mas não sejamos excessivamente pessimistas: mais eficaz do que reclamar é sabotar e mais eficaz do que sabotar é organizar o possível descontentamento. Narrar com rigor esse banquete — o que se diz, o que se oculta e cala — me parece hoje a única possibilidade de narrativa que mereça ser qualificada como crítica. Mas sejamos também realistas: o único sentido dessa organização do descontentamento vem dado pelo que existe do outro lado dos portões fechados. Se do outro lado não houvesse nada, tudo seria mercado, ou seja, poderes econômicos concorrendo, a luta de lucros substituindo a luta de classes.

E não existem projetos divergentes porque dificilmente podem existir quando os interesses não são divergentes e quando o mundo, a percepção do mundo, foi reduzida à percepção desse jantar de notáveis. Para alguns de nós sobraria tão só — ou tanto — uma convicção: a realidade não termina em nossas percepções: sentado na mesa, rodeado de tantos e tantos manjares, é preciso deduzir que alguém trabalha ao pé do fogão e alguém nos serve e alguém, sem dúvida, fez a colheita do pão, escreveu o menu e caçou os faisões. Existe uma realidade que se move e talvez esse movimento volte a obrigar, um dia, os portões a se abrirem novamente.

Evidentemente, a partir dessas considerações sobre a crítica e a literatura como pacto público me parece impossível compartilhar a opinião hoje generalizada de que o romance, como gênero, tem como base uma história que, ao ser contada, transcende o momento histórico: ser arte, "ser literatura". Não entendo o que quer se dizer com esse "transcender": que o seu valor é eterno? que, tal como a cerveja, seu valor é reconhecido em diferentes épocas históricas, muito diferentes? A verdade é que a palavra arte, assim

180 CONSTANTINO BÉRTOLO

empregada, não esclarece nada, como também não esclarece a palavra estética. São categorias que, na minha opinião, apenas dizem algo de quem as diz, e, igualmente, claro está, de quem as nega. Também compartilho a persistência no aparato crítico da distinção entre forma e conteúdo, entre o "como" e o "que". Não termino de compreender que o *"que"* possa ser escrito de diferentes *"comos"*. Não é possível contar a mesma coisa de modos diferentes. Para que fique claro: não é que os dois conceitos, úteis talvez do ponto de vista pedagógico, estejam estreitamente unidos, é que a separação não existe. Pode-se abordar um mesmo argumento de maneiras diferentes, mas o que um texto diz não pode ser dito de nenhum outro modo. Não estou negando a existência de "formas literárias" como a narração, a tragédia, o poema ou o soneto, nem nego a existência de argumentos, temas ou motivos, mas daí a pretender fazer distinções, falando de um texto concreto, entre uma suposta forma e um suposto conteúdo com vidas próprias para além do texto, há um abismo. A literatura é hoje um meio de comunicação de massas muito complexo e refinado, um discurso público que no seu tornar-se ato literário tem à sua disposição todas essas formas, temas e recursos técnicos que constituem um patrimônio coletivo e dinâmico do qual, em cada momento histórico, os autores lançam mão com a finalidade de ser ouvidos: a História da literatura. Ontem os sermões eram considerados parte dessa literatura, hoje parece que não mais (porque uma coisa são os discursos públicos e outra as definições de literatura que a cada momento se impõem), mas a realidade da qual esses sermões fazem parte está aí, para além das percepções dominantes. Como tudo o que é, é histórico, e nem a chamada arte nem a literatura transcendem a História.

Levando em conta essas questões costuma vir à tona a questão já velha do chamado "compromisso" enunciado por

Sartre[85] numa circunstância histórica concreta: a Guerra Fria. Mas hoje as circunstâncias mudaram. Um compromisso é sempre com alguém, e com alguém que possa reclamar o cumprimento desse compromisso, por isso frases como "compromisso consigo mesmo" ou "compromisso com a literatura" ou ainda "compromisso com a linguagem" sejam vazias e lamentáveis. Não acredito ser possível nenhum compromisso que não comprometa, ou seja, que não coloque em risco nosso salário ou nosso status social ou profissional, nossos interesses. Também não estou defendendo o valor do sacrifício, mas o que defendo é a responsabilidade de quem escreve, de quem toma a palavra pública e a responsabilidade de quem escuta, e defendo isso porque o pão continua ruim e os que estão do outro lado dos portões tem de continuar engolindo esse pão (e, além do mais, estão me servindo o jantar frio, porque a crítica, de fato, compartilha a mesa com os notáveis mas se senta nos lugares reservados aos preceptores da casa). Frente a eles, frente aos que não foram convidados, frente aqueles que, uma vez fechados os portões, parecem ter se tornado invisíveis, é responsável a crítica. De fato, existem, se não para que tanta polícia, tantas grades e segurança privada vigiando os salões. A possibilidade de um discurso crítico, como de uma narrativa crítica, passam hoje pelo objetivo estratégico de acabar com o sequestro do que é público que os comensais desse banquete de notáveis levou a cabo.

---

85 Jean-Paul Sartre (1905-1980) foi um filósofo, escritor, dramaturgo e crítico francês, figura destacada do Existencialismo e fundador da revista *Les temps modernes*, com Simone de Beauvoir. Entre suas obras podemos destacar *A náusea* (1938), *O ser e o nada* (1943), *Os caminhos da liberdade* (1945), *O Existencialismo é um humanismo* (1946) e *O que é a literatura?* (1947). (N. do E.)

Tentando levar estas reflexões a um terreno mais concreto e como exercício prático podemos traçar um esquema, um imaginário porém possível texto crítico sobre um livro "de consenso": *A ilha do tesouro*, de R. L. Stevenson.

Estamos diante de um romance de aventura, um gênero de clara descendência britânica cuja formação e assentamento como tal acompanha o desenvolvimento da empresa "civilizadora", ou seja, depredadora, do colonialismo inglês. Sua variação, "aventura de piratas", conta com o precedente distante de *Capitão Singleton*, de Defoe[86], e com as referências próximas a Kingston, Ballantyne e Cooper[87], autores de uma obra narrativa legitimadora da longa epopeia mercantil levada a cabo pelas nações do Ocidente durante os séculos XVII e XVIII.

Contada em primeira pessoa por um rapaz de classe média baixa, filho de dois honrados donos de pousada, a obra narra a história de uma empreitada mercantil, a criação de uma sociedade de comerciantes que investe seu capital numa operação especulativa: tentar resgatar o capital acumulado por um pirata, o capitão Flint, de cuja notícia tiveram conhecimento graças ao rapaz que coloca precisamente esse capital, esse conhecimento à aventura financeira. Para levar a cabo tal empreitada, contratam

---

86 *The Life, Adventures and Piracies of the Famous Captain Singleton* é uma novela de Daniel Defoe, publicada em 1720. (N. do E.)

87 Três escritores de língua inglesa, ligados a livros de aventuras para jovens, como o inglês William Henry Giles Kingston (1814-1880) e o escocês R. M. Ballantyne (1825-1894) ou a romances marítimos, como o americano James Fenimore Cooper (1789-1851). Os três são homenageados por Stevenson no poema "To the Hesitating Purchaser", que abre *A ilha do tesouro*: "[...] — So be it, and fall on! If not, / If studious youth no longer crave, / His ancient appetites forgot, / Kingston, or Ballantyne the brave, / Or Cooper of the wood and wave: / So be it, also! And may I / And all my pirates share the grave, / Where these and their creations lie!" (N. do E.)

barco e tripulação nas condições de segurança que seu limitado capital permite. Acontece que a tripulação atua com motivos que vão além do seu contrato de trabalho com os "cavalheiros empresários", já que a maioria forma parte de uma organização pirata que, privada de capital e conhecimento — o mapa do tesouro —, recorre ao artifício mercantil do contrato de trabalho para poder alcançar seu próprio fim: a posse do capital acumulado pelo seu colega, o capitão Flint, esperando romper esse contrato de trabalho mediante violência e tomar pose do capital — barco, provisões e conhecimento teórico: o mapa. A trama novelesca tem origem na descoberta desse plano ilegal, do qual o rapaz toma conhecimento casualmente. A partir desse momento, uma série de episódios se sucedem durante os quais ambos os bandos lutam pelo controle dos meios de produção necessários para efetuar os seus fins: controle do barco, das provisões, do mapa e das armas (garantia em última instância do cumprimento do contrato).

Na realidade, a novela desenvolve, veremos que de modo desequilibrado, duas linhas argumentativas: os argumentos e atos dos que aceitam o contrato como forma civilizada para as relações pessoais e os argumentos e atos dos que não aceitam a escala de valores que o contrato comporta: honra baseada na manutenção das garantias dadas, sentido do dever (e do haver), confiança mútua ou o "crédito" pessoal como capital. A eles se opõem, por parte do bando dos marginalizados do mundo do contrato, os piratas, valores como o igualitarismo ou a solidariedade vigiada — ditadura do proletariado na leitura de algum marxista clássico.

Essas duas linhas argumentativas entrelaçam o argumento, apoiando-se narrativamente na história de duas iniciativas pessoais — iniciativa empresarial, como diríamos hoje — encarnadas pelas duas figuras que dominam a cena: o rapaz Jim Hawkins e o pirata John Silver. Iniciativas pessoais que se inscrevem dentro da retórica própria do gênero de aventuras: meta para alcançar, obstáculos para superar e resolução dos obstáculos. A história de Hawkins é uma ode ao empresário que "se arrisca", investe e ganha. A história de John Silver é a história exemplar de como toda iniciativa pessoal está condenada ao fracasso se não estiver apoiada numa instância de civilização — o crédito — superior ao mero egoísmo e à simples solidariedade egoísta. O jogo de espelhos entre uma iniciativa e outra — entre um personagem e outro —, produz um forte sentimento de osmose e empatia que acaba por colorir positivamente ambos os personagens. Gerações de leitores têm enfatizado a simpatia que John Silver irradia apesar dos seus atos de crueldade e de suas más intenções e, sobre esse efeito, fala-se na magia da novela.

Tal magia, contudo, descansa sobre a desonestidade narrativa com que foi escrita. Desonestidade narrativa, não moral, que evidencia que estamos diante de uma novela que bem poderia ser qualificada como mal escrita, mal estruturada, enganosa literalmente falando, manipuladora, ideologicamente ardilosa (já que o juízo que se busca é obtido furtando informação). Diante de uma novela que os canônicos poderiam desqualificar de uma única canetada chamando-a de novela de tese.

De fato. Se o argumento da novela, como se pode constatar, contém o desenvolvimento de duas linhas de argumentação bem diferentes: uma sociedade baseada no contrato mercantil e os valores que o tornam possível contra uma sociedade que rejeita esse contrato, parece lógico (a partir de uma lógica democrática e não só no sentido formal do termo) que ambas as linhas se desenvolvam com oportunidades iguais, a fim de que o leitor — cujo juízo é implicitamente reclamado — possa decidir honestamente. Mas nada disso acontece. Enquanto dos personagens do bando pró-contrato mercantil teremos muita informação, de todo tipo:

seus atos e pensamentos antes de embarcar, suas discussões e reflexões, seus sentimentos, suas biografias, sua descrição física mais ou menos detalhada, etc, dos piratas toda a informação — a não ser no caso de Silver — é irrelevante ou estereotipada. Nada sabemos de suas biografias, nada de seus sentimentos, de suas famílias, de seus sonhos. Nem sequer de suas "leis" sabemos grande coisa. Assistimos, por exemplo, às muitas reuniões e discussões "civilizadas" do bando mercantil, mas quando a ação nos daria opção de assistir ao ato democrático que o "regulamento" pirata contém para discutir a possível deposição de Silver, esse ato nos é escamoteado. O capital de "cumplicidade sentimental" com que, por exemplo, estão dotados Hawkins ou o doutor Smollet não é compensado narrativamente com um capital semelhante para qualquer outro personagem do bando dos rebeldes ao pacto mercantil. A não ser Silver. Mas por que Silver?

Porque Silver aceita o pacto mercantil, o intercâmbio de mercadorias. Sabe que está lidando com negociantes e para eles a palavra dada é garantia sagrada, porque sobre essa confiança descansa sua civilização, seu negócio. Por isso faz um pacto pela vida de Hawkins (sem ler Marx sabe que a vida também é uma mercadoria) e por isso se salva. Por isso nos desperta simpatia: primeiro, porque narrativamente ele foi feito diferente do resto quase anônimo dos piratas (ele tem passado, biografia e futuro); segundo, porque sabe do que se trata a vida: conseguir condições vantajosas para obter contratos vantajosos, com um acréscimo, além do mais, admirável para a moral individualista que subjaz à moral do contrato como encontro de vontades livres: quando lhe convém, altera o pacto. Quando lhe convém, ou seja, quando não coloca em questão o contrato dominante. Ele rouba no fim uma pequena sacola com dinheiro (finalmente a sua recompensa mercantil por ter compactuado). Mas, teria sido conveniente para a simpatia narrativa com a que é apresentado roubar todo o tesouro e deixar o engomadinho Hawkins e os outros cavalheiros sem o seu ganho correspondente?

Termino aqui essa crítica-ficção e pergunto: é possível hoje uma leitura assim? Desde que lugar pode-se reclamar hoje um tratamento narrativo mais amplo de George, o pirata? Desde que lugar literário pode-se avisar hoje que o argumento desta novela está mal *argumentado*? Em qual revista mercantilizada ou não mercantilizada essa crítica seria publicada? Que crítico estaria disposto a suicidar-se profissionalmente ao publicá-la?

Hoje tal coisa é inviável, e por isso compartilho a opinião de que a crítica é impossível. Razão se tem quando relembramos, seguindo Eagleton e Williams, como já assinalamos, que a crítica moderna nasce com o aparecimento da esfera pública nos tempos do Iluminismo e, não esqueçamos, do primeiro capitalismo. Crítica, então, necessária e possível. Necessária para delimitar o espaço no qual o poder absolutista não deveria intervir: a propriedade privada, o gosto privado, o critério pessoal, a liberdade estética e a liberdade de contrato. Possível porque toda uma classe social em ascensão precisava dela e a reclamava. Mas hoje, quando a ideologia do contrato livre domina totalmente e, no espaço da literatura, só oferecem resistência os restos de aristocratismo estético reacionário que assistem assustados ao que se chama de democratização da cultura, quem sente necessidade de tal crítica e, ao fazê-la, a torna possível? Viável na prática real, nos meios de comunicação reais e não apenas como exercício teórico ou excepcional. A crítica moderna cumpriu sua missão: reivindicar a liberdade de gosto, e o que hoje chamamos de crítica é uma mera epifania publicitária do que um dia a crítica foi. Na história espanhola de hoje, e na da Europa, dos EUA e da Grã-Bretanha, não cabe outra leitura, porque esta só pode existir a partir da não aceitação do contrato mercantil, baseado numa desigualdade de partida. Não é que a história terminou, ela parece é estar detida nesse paradigma econômico, e desde esse paradigma outra leitura do literário é utópica: seria expulsa por inverossímil. Como escreve o sociólogo chileno Tomás Moulian: "Os momentos reacionários da História são aqueles nos quais os projetos de historicidade não são plausíveis, nem verossímeis, nem parecem conectados com o senso comum. Nos quais a ideia mesma de transformação toma o corpo de sonho impossível de uns ilustres desconectados da realidade, minoritários e arcaicos".[88] Correndo o risco de ser acusado de arcaico (paleohegelianismo, marxismo vulgar, luta de classes) coloco uma nova pergunta: seria verossímil hoje uma novela na qual Silver e seus colegas levassem o tesouro e Hawkins e seus amigos pagassem com a morte sua avareza? Talvez, mas duvido muito que o seu autor ou autora fossem convidados a compartilhar da mesa no banquete dos notáveis.

---

[88] Moulian, Tomás. *Chile actual: anatomía de un mito.* Santiago: LOM ediciones, 1997.

A MORTE DO CRÍTICO: UM EXEMPLO

Na tradição humanista e romântica sobre a qual continuam descansando nossas cartografias culturais, a leitura das obras literárias é considerada uma espécie de diálogo de intimidades no qual a vida interior do leitor entra em contato direto com as verdades superiores que o texto do autor encarna. E dá na mesma que Marx, Nietzsche ou Freud tenham desmontado os pressupostos básicos de tão espiritual atividade. Na hora da verdade — expressar a verdade que um texto encerra — a maioria dos intérpretes acolhem essa partitura incorporando talvez umas notas de existencialismo mais ou menos rebelde, segundo sua atitude seja de maior ou menor rejeição aos modos de vida dominantes, ou uns toques de fascinação pela metaliteratura e as simetrias borgianas. A partir dessa consideração do baile de almas, é fácil entender a suspeita geral que recai sobre a figura do crítico, uma vez que ele não deixaria de ser um "intrometido" incômodo, que com sua presença interrompe tão sublime conexão entre o "ser livre" do leitor e o "fazer livre" do autor. O único crítico aceitável em tal tradição seria aquele que limitasse sua presença a benzer (bem-dizer), exaltar e certificar tais noivos, como fazem os sacerdotes católicos com o sagrado matrimônio. Qualquer outro crítico que por ali apareça com diferente pretensão será acusado, implícita ou explicitamente, de interesseiro, impostor, eunuco ou acolito. Parasita intelectual vivendo sempre às custas das gorjetas que os padrinhos da boda achem por bem lhe conceder.

Na realidade de nosso campo literário abundam os críticos de corte impressionista: os que nos oferecem o resultado do encontro entre o texto e seu gosto sem que sequer lhes ocorra perguntarem-se por que gostam do que gostam ou por que desgostam do que desgostam; os críticos que se assumem como guardiões da tradição literária são poucos, e, na maioria dos casos, incapazes de aceitar que a literatura não começa nem termina no literário; e os tribunos, aqueles que entendem que a literatura é uma forma de expressão e construção dos imaginários coletivos e das subjetividades atuantes, não aparecem nem sequer naquelas instâncias jornalísticas que, ligadas em maior ou menor grau a ideologias politicamente confrontadas ou incômodas para o sistema (por exemplo, *Gara*, *Mundo Obrero*, *A Nosa Terra*, *Le Monde Diplomatique*) reproduzem nas suas páginas literárias critérios do juízo de corte impressionista, onde o humanismo difuso, a autocelebração e a rebeldia existencialista, quando não a banalidade metaliterária, aparecem como paradigmas da excelência. Com essa composição, não é de se estranhar que a crítica literária em nossa geografia apareça como uma acomodada instituição mercantil, que na sua melhor versão vende certificados de homologação e, no seu pior papel, o mais abundante, limita-se a realizar trabalhos de publicidade mais ou menos encoberta sob sua "nobre" aparência de atividade "estética e independente". Uma atividade "feliz" somente alterada muito superficialmente pelas pequenas invejas, temores, ódios, manias e rancores que a luta pelo prestígio e pelo pagamento produz, poderia se dizer, de modo natural.

Mas eis que de repente esse mundo feliz se altera e a "natural" normalidade se rompe e vem abaixo quando, com uma carta aberta à comunidade literária o crítico Ignacio Echevarría[89] abre

---

89 Ignacio Echevarría (Barcelona, 1960) é crítico literário, espanhol, autor de

uma janela, deixa entrar a luz e aponta com o dedo. Vejamos a história do ocorrido:

No sábado, 4 de setembro de 2004, em plena retomada da temporada literária, aparece em *Babelia*, o suplemento cultural do jornal espanhol *El País* (suplemento que imerecida ou merecidamente continua sendo a publicação de referência para o espaço literário na língua castelhana de um e outro lado do Atlântico) uma resenha do crítico Ignacio Echevarría (crítico que merecida ou imerecidamente ocupava uma posição de referencia no que tange à narrativa em língua castelhana) sobre a versão em castelhano da novela *El hijo del acordeonista*, do escritor basco Bernardo Atxaga[90] (que merecida ou imerecidamente ocupa uma posição de referencia na literatura atual em língua basca). A resenha contém uma desqualificação rotunda e contundente da novela baseada em dois argumentos que, no espaço da resenha, se desdobram e entrelaçam: uma escrita frágil para uma visão frágil da conflituosa realidade basca, entendendo por frágil neste contexto aquela qualidade que tende a tingir de suavidade o áspero e travestir de essência as substâncias concretas fazendo sobressair o idílico e a fusão/confusão de contrários em detrimento do conflituoso: o enfrentamento dialético. A resenha chega a esse julgamento desenvolvendo, dentro dos limites do gênero, as provas necessárias, exemplos e considerações. Trata-se de uma crítica pessoal — como não poderia deixar de ser — mas a sua qua-

---

Trayecto: Un recorrido crítico por la reciente narrativa española (Barcelona: Editorial Debate, 2005) e *Desvíos: Un recorrido crítico por la reciente narrativa latinoamericana* (Santiago: Universidad Diego Portales, 2007). (N. do E.)

90 O título original de *El hijo del acordeonista* é *Soinujolearen semea* (Pamplona: Pamiela, 2003). O escritor e tradutor basco Bernardo Atxaga (Asteasu, 1951) publicou também livros infantis, poesia, contos e teatro, entre eles *Etiópia* (1978), *Obabakoak* (1988) e *Memórias de uma vaca* (1991). (N. do E.)

lificação, como subjetiva ou objetiva, dependerá finalmente da ponderação que os leitores da crítica concedam à solidez, oportunidade, adequação e suficiência dessas provas e argumentos sobre os quais foram assentadas tais conclusões. Ponderação que se, a princípio, parece exigir por sua vez uma leitura própria e pessoal da novela a fim de ter argumentos "em primeira mão", na prática cotidiana se desculpa (a tal possível exigência) pela mesma razão que julgamos uma sentença ainda desconhecendo a totalidade do processo. Mas nada mais recomendável do que ler o livro caso se deseje intervir com mais propriedade no debate. Dentro do próprio jornal e "deixando de lado meu juízo sobre a novela", como disse o editor ao crítico, a resenha foi considerada de modo retumbante como "arma de destruição em massa" com os conseguintes efeitos centrais e colaterais que hoje conhecemos: a demissão de Ignacio Echevarría do *Babelia*.

Mas pouco se entenderia o alcance da crítica de Echevarría se fossem esquecidas circunstâncias nada circunstanciais que conformaram o contexto: o fato de que a versão em espanhol do livro de Atxaga aparecesse na editora Alfaguara, de propriedade do mesmo grupo empresarial que o jornal do qual o suplemento faz parte; o fato de que com essa edição o grupo empresarial, mediante um importante adiantamento, incorporava a seu plantel o escritor símbolo da cultura basca (nas páginas centrais da revista de domingo daquele mesmo final de semana, o mencionado "jornal independente da manhã" mostrava com todas as cores e paisagens a colaboração da estrela recém-adquirida); e o fato, nada irrisório, de que a linha política desse importante grupo empresarial e midiático vinha propondo, pelo menos após as últimas eleições, uma via ou estratégia de saída para o conflito armado que implicaria em sua reinterpretação — discutível, em todo caso, e da qual o crítico evidentemente discorda — como indesejada sequela psicológica ou política da Guerra Civil espanhola. Estratégia que ao que parece a empresa compartilharia com forças políticas como o PSOE (Partido Socialista Obrero Español), o mesmo partido que durante anos esqueceu que o túnel sem saída foi criado, em boa parte e entre outros momentos, naquele dia em plena transição da ditadura para a Constituição de 1978, em que os representantes da *Platajunta*[91] iniciaram um diálogo com o presidente Suárez. De um programa de nove pontos, acabaram fechando sete, deixando no caminho — ninguém sabe em troca de que — o ponto que se referia à reivindicação por parte das forças democráticas do direito de autodeterminação dos que então se chamavam povos ibéricos. Estratégia, novo horizonte ou novo arbítrio histórico que a novela e o próprio e nada desprezível capital simbólico do autor legitimariam, ao menos implicitamente.

A partir do momento em que a resenha apareceu várias reações se produziram em diferentes âmbitos e com diversos registros, algumas delas ocultas até que uma carta aberta do crítico, que circulou graças à internet e a outros meios alternativos, as colocou sobre a mesa. Por um lado, o jornal faria um espetacular desagravo formal, algo que, por si só, desautorizava fortemente o crítico. Por outro, congelava — "retinha" — suas colaborações sem explicações prévias e *ad kalendas graecas*[92], o que represen-

---

91 Após a morte de Franco, em 1975, diante da tentativa dos reformistas franquistas de organizar uma plataforma democrática sem a participação do PCE (Partido Comunista Espanhol), as organizações opositoras se uniram (no início de 1976) no que se chamou de Coordenação Democrática ou *Platajunta* (reunião de elementos da Junta Democrática — criada pelo PCE com outros partidos de esquerda — e da Plataforma de Convergência Democrática — com o PSOE e vários partidos anti-franquistas). (N. do E.)

92 Em latim no original, "para as calendas gregas", ou seja, para nunca. Transferir alguma coisa para as calendas gregas é adiá-la indefinidamente, uma vez que os

tava um verdadeiro ato de censura. Finalmente, vale destacar que, se bem o procedimento de reprovação e castigo permanecia no âmbito interno da empresa, publicamente era óbvio que o expediente da "demissão" era um fato com efeitos notáveis, sem que isso colocasse em marcha movimentos de apoio ou denúncia entre os atores do campo literário, salvo contadíssimas exceções. Ao contrário, em vários círculos culturais bascos houve muitas desqualificações *ad hominem*[93] ao crítico, atribuindo-lhe ideias parafascistas — estranhamente aplicadas a quem, poucas semanas antes, dava forte apoio e elogiava muito positivamente a novela de Isaac Rosa, *El vano ayer*[94] como uma das melhores conquistas da narrativa da época; apontando, entre outros méritos, sua coerência e coragem progressista — ou torpes intenções conspiratórias, coincidindo assim, em sua indignação e condena, com os gestores dos interesses midiáticos, políticos e empresariais do Grupo Prisa. Tal coincidência resulta ainda mais surpreendente se levarmos em conta que, deixando de lado quais sejam as simpatias e posições políticas de Bernardo Atxaga, o olhar pastoral e idílico que o crítico atribui ao texto, com razão segundo nosso entendimento, não deixa que, por nenhum lado, apareça na novela nem a luta de classes nem o depredador desenvolvimento das forças produtivas externas ou internas. Nem qualquer outro elemento que permita apontar, na representação

---

gregos não tinham calendas (o primeiro dia de cada mês do antigo calendário romano) em seu calendário. (N. do E.)

93 Em latim no original, "ao homem", isto é, uma argumentação ou falácia que não se refere ao conteúdo da proposição, mas a alguma característica do autor. De *argumentum ad hominem*. (N. do E.)

94 Rosa, Isaac. *El vano ayer*. Barcelona: Seix Barral, 2004. Novela ganhadora do prêmio Rómulo Gallegos em 2005. Isaac Rosa (Sevilha, 1974) escreveu também *El país del miedo* (2008), prêmio Fundación José Manuel Lara. (N. do E.)

que a narração nos oferece de Obaba enquanto espelho do País Basco, uma mínima visão de esquerdas, a não ser que, como de fato ocorre, qualquer denúncia do fascismo passado ou presente outorgue a quem quer que a produza uma patente de esquerda.

Em minha opinião, é a soma dessas três circunstâncias "agravantes" o que provoca a explosão dessa arma de destruição em massa — essa sim — que os empresários e seus capatazes possuem em seus arsenais e não duvidam em utilizar quando seu território se vê ameaçado ou contrariado: a demissão, o poder de decidir, de fato, conceder ou retirar o direito ao trabalho que usurpam desde a sua posição de detentores da propriedade privada dos meios de produção. O problema de Ignacio Echevarría como crítico não foi, como bem argumentava em sua carta, o tom contundente de sua resenha, afinal coerente com sua trajetória e sua merecida condição de crítico "guardião", ainda que, mesmo que em algumas ocasiões pudesse ser incômodo para o jornal, tal prejuízo era compensado pela alta dose de credibilidade e prestígio que a sua tarefa transferia ao veículo. Nem sequer acredito que se tenham de procurar as razões da demissão — pois se tratou de uma demissão por "silêncio administrativo" — no choque de interesses internos que fizeram com que a empresa se visse na posição de juiz e parte e de vítima e algoz de si mesma, já que as contradições externas, como a dupla moral no que tange à política, podem facilmente ser rentabilizadas, gozam de excelente difusão pela imprensa (própria e de outros) e em todo caso os possíveis danos sempre se podem reparar. Também não entendo como *casus belli*[95] o fato de que o

---

95 Em latim no original, "motivo de guerra", ou seja, um fato considerado suficientemente grave para justificar uma declaração de guerra. Por exemplo, o assassinato do arquiduque Francisco Ferdinando, herdeiro do Império Austro-Húngaro, em Sarajevo (junho de 1914), é considerado o *casus belli* da I Guerra Mundial. (N. do E.)

crítico tornasse transparente determinada posição política sobre o conflito armado no País Basco, já que no próprio jornal vinham se fazendo públicas posições divergentes a esse respeito. O intolerável, o que pareceu intolerável aos proprietários dos meios de produção e expressão das palavras da tribo é que o guardião da exigência literária abandonasse seu lugar, esse "sacro e autônomo terreno do estético", colocasse as asinhas de fora e se atrevesse, levado por seu rigor crítico ou pela sua mera condição de cidadão, a meter-se no papel e nos territórios do tribuno que denuncia o que a partir de sua opinião entende como um discurso narrativo perigoso para a saúde moral e política da comunidade. O que não foi tolerado é que alguém lhes arrebatasse o usufruto das palavras e histórias coletivas. Afinal de contas, são eles os que investem na Bolsa dos significados, e eles, portanto, devem ter os dividendos semânticos. O crítico atravessou a fronteira de uma propriedade que não pode ser transpassada impunemente.

Dissemos que Echevarría abriu a janela, deixou entrar a luz e apontou com o dedo. E, sem dúvida, aconteceu o esperado: seu dedo foi cortado. Mas também aconteceu o que sempre acontece: que deu tempo de olhar e descobrir o que o dedo apontava: que somente nos fazendo crer que somos livres conseguem que continuemos sendo seus escravos. Porque na crítica, como no capitalismo, a liberdade não deixa de se apresentar como um mal-entendido. E se a leitura carrega a ilusão de ser diálogo de intimidades, a crítica, ao contrário do que geralmente se pensa, não é uma instância mediadora entre o escritor e os leitores. Esse espaço nas atuais economias de mercado, corresponde aos editores, cujo trabalho consiste em propor à comunidade ou mercado aquelas leituras que em sua opinião — critério — podem satisfazer seus desejos, necessidades e expectativas que, por sua vez, os meios de produção de desejos, necessidades e expectativas puseram em circulação. O crítico analisa e avalia essas propostas e o seu trabalho situa-se assim entre a edição e os consumidores de livros. A prática é enganosa e tende a nos fazer pensar que os críticos falam do trabalho dos escritores ou dos escritores quando, na realidade, como já foi dito em anteriormente, estão falando de propostas editoriais. Insisto: seria bom que os escritores entendessem que a crítica não tem como objeto suas obras na sua privacidade, mas somente depois que estas passam pela decisão editorial de torná-las públicas. Seria bom que os escritores "agraciados" pela crítica do crítico entendessem que a crítica fala de um texto e do autor do texto "somente e enquanto" produtor do texto. E seria especialmente conveniente, para não ser levado a engano ou desengano, que os críticos também entendessem que o seu trabalho começa e acaba nas instâncias da economia política, dentro das quais não deixam de ser operários semânticos, melhor ou pior qualificados, e demandados com maior ou menor intensidade não pelos leitores, mas pelos seus empregadores reais: os meios de comunicação, que arrendam os seus serviços. Já as editoras, por muito que se apresentem ou queiram se ver como instâncias geradoras de Cultura (com maiúscula) não podem deixar de ser, em última instância e quase sempre em primeira, um poder econômico — grande, pequeno ou médio — com capacidade para intervir no que é público, uma vez que essa é a tarefa de "publicar", mas com a inevitável necessidade de participar no jogo econômico. O trabalho do crítico consiste em julgar, a partir de seus próprios critérios, se os tiver, a conveniência ou não dessa publicação para a saúde semântica de sua comunidade (e o que pode ser saudável para uma comunidade pode não sê-lo para outra), mas no sentido estrito — e o caso Atxaga é prova evidente — também não recai neles, enquanto pessoas privadas, essa capacidade, pois são os meios que tornam "públicas" as críticas quem de fato intervém no debate. Em artigo publicado na sessão *Defensor del lector*[96] sobre o escândalo, Lluís Bassets, jornalista então responsável pelo suplemento *Babelia*, não hesitou em deixar isso claro ao falar do direito das empresas jornalísticas de "contratar os artigos que desejem ver publicados em suas páginas" (embora não tenha esclarecido se eles tinham direito a não publicar aqueles artigos já contratados que de algum modo lhes pareceram inoportunos pelas razões — suas razões — que fossem). Mais claro, impossível. O mesmo executivo deixava claro que a liberdade de expressão do crítico se refere ao terreno das "questões estéticas", corroborando assim nossa suspeita de que foi o passo de "guardião" para "tribuno" o que teria provocado a reação dos responsáveis pelo jornal.

Desde essa perspectiva, mais impessoal e menos psicológica, a crítica é, na realidade, um diálogo entre dois poderes econômicos que como tais poderes querem e precisam transportar sua influência ao âmbito cultural. Porque nesse ponto é que o responsável pelo suplemento *Babelia* erra, ao pensar que no seu direito de publicar poderia fundamentar-se a necessidade de "contratar os artigos que desejem ver publicados em suas páginas". Nenhuma empresa capitalista pode esquecer que sua atividade se desenvolve numa esfera onde a confiança social é necessária, ainda mais se essa empresa se move no âmbito da comunicação e da cultura. Uma empresa tem obrigação de manter os bons modos, a aparência de que o jogo de deveres e direitos é o mesmo para todos, porque se não o faz, a base do comércio — o contrato entre iguais —, desmorona. Daí que na seção do *Defensor del lector* se relembrasse aos chefes que à mulher de

---

96 Equivalente ao *ombudsman*, termo usado pelos meios de comunicação brasileiros. (N. do E.)

César não basta ser honrada, mas também parecê-lo. Não é em vão que a moeda é um ente que depende de crédito e confiança. E, evidentemente, e tal como o diretor do jornal reconheceu, algo tinha sido mal conduzido a esse respeito.

O exercício da propriedade em sociedades complexas tem os seus limites. E o crítico Ignacio Echevarría, mesmo sob risco de perder um dedo, fez esse questionamento. Os abaixo assinados[97], Rafael Conte, Ferlosio, Vargas Llosa, Eduardo Mendoza, Javier Marías, Francisco Rico, Jorge Herralde e tantos outros, recordaram isso à empresa: queremos continuar nos sentindo livres e não queremos que nenhum dos nossos se veja obrigado a colocar o dedo na ferida. Colocadas as coisas desse modo, essa história parece terminar como os filmes norte-americanos que tratam de algum caso de corrupção: as pessoas podem falhar ("conduzir mal os assuntos") mas o sistema de liberdades funciona (os intelectuais, mais uma vez, colocaram o capital em seu devido lugar e a empresa, via *Defensor del lector*, nega a questão maior, a censura, mas aceita a menor, o erro de gestão).

O tribuno que não existe vê esse filme e fica pensativo: desdobra o argumento, analisa os personagens, relê os diálogos, contextualiza os enunciados, depura os adjetivos e interpreta finalmente que essa história nada tem a ver com finais felizes: não

---

97 Datado de 18/12/2004, publicou-se na sessão Cartas ao Diretor, o seguinte: "Pela presente, alguns críticos, redatores, escritores, leitores e colaboradores de *El País* expressamos nossa preocupação pelo dano sofrido na credibilidade do jornal a partir da carta aberta que o crítico de Babelia e colaborador do jornal, Ignacio Echevarría dirigiu no último 9 de dezembro a Lluís Bassets, diretor-adjunto do *El País*, na qual denunciava a represália e a censura de que havia sido objeto por exercer a crítica literária, tal como vinha fazendo há 14 anos nessas mesmas páginas. Igualmente, manifestamos nossa preocupação pela possibilidade do futuro exercício livre da crítica nas páginas de *El País*".

está contando que exista um capitalismo bom e um capitalismo mau, pelo contrário. O desenvolvimento do capitalismo nessa fase de expansão e acumulação acelerada está provocando, entre outros fenômenos, que as empresas, levadas pela inevitável lógica da concorrência e a reprodução, precisam controlar não apenas a produção mas a circulação, a distribuição e o consumo, o que pode dar lugar a episódios de sinergias negativas, com é o caso. Acontece que a burguesia, cuja razão de ser é vender e vender com lucro, está obrigada a acabar com toda exceção, seja cultural ou trabalhista, e se precisar morder a si mesma, morde-se. Assistimos a uma história empresarial que coloca em evidência que em caso de conflito entre lucro e legitimidade, por mais que rasguemos nossas roupas em prol da cultura, a solução do sistema consiste em fazer do lucro a única fonte de legitimidade. O tribuno que não existe, enquanto chega à ágora, pensa que com essas condições objetivas pouco espaço parece sobrar para o critério e as liberdades individuais do crítico. Pouco, muito pouco, mas sem dúvida o suficiente para que alguns percam sua dignidade e outros a defendam e mantenham. E nos lembra de que frente ao pessimismo da razão, permanece o *non serviam*[98] da vontade. Trata-se de organizá-la.

---

[98] Em latim no original, não servirei. (N. do E.)

A CRÍTICA COMO AUSÊNCIA
E A AUSÊNCIA DA CRÍTICA[99]

A crítica tem sido construída sobre duas pulsões básicas da vida
social: o instinto do conhecimento e o instinto de imposição.
O primeiro é uma promessa de frustração, pois o conhecimento total
nunca é alcançado; o outro admite uma margem de possibilidade
realizável em maior ou menor grau. O primeiro ocorre no campo
da economia da dádiva e do escrúpulo ético; o segundo incorpora
sedução, poder e hierarquia. O instinto do conhecimento pede
responsabilidade, o de imposição, força ou astúcia. Ambos exigem
trabalho, arte, capacidade de concentração.

Pequeño manifiesto de un ciudadano común[100], Martín López Navia

INTROITO

Podemos começar com uma afirmação ingênua: o trabalho da
crítica literária é um trabalho simples. Refiro-me — e no geral
continuarei a me situar nesse espaço — à crítica literária mesmo
que entenda que o exercício da crítica, seja qual for o seu objeto,
contempla pressupostos e problemas comuns. Digo um trabalho

---

99 Texto originalmente publicado em *Guaraguao. Revista de Cultura Latinoamericana*, n.º 41, pp. 9-27. Barcelona: 2012.

100 Navia, Martín López. *Pequeño manifiesto de un ciudadano común*. Lugo: Ediciones Artesanales, 1986.

simples porque, para realizar sua tarefa, bastaria ao crítico cumprir com as duas condições fixadas por Aristóteles: determinar o gênero em que a obra se inscreve e estabelecer a diferença específica com a qual a obra contribui. Um trabalho de classificação e arquivo. O crítico precisará, portanto, de certo background de leituras para poder dar conta dessa tarefa taxonômica, e será a amplitude e a qualidade dessa bagagem o que determinará, em boa medida, que seu enquadramento seja acertado e revelador. Depois perceberemos se acrescenta ou não alguma diferença específica, sendo consciente, já que não é ingênuo, de que o simples processo de contextualização implica em juízo de valores e que, ao falar do específico, revelará inevitavelmente sua própria escala de valores.

Mas se a tarefa do crítico não parece muito difícil, por que a crítica é hoje um trabalho impossível? Vamos dedicar as reflexões a seguir a "ensaiar" uma possível resposta.

Dizia que o trabalho do crítico apresenta-se, a princípio, como algo simples: abordar uma obra literária e rechear os dois planos que aparecem na ficha que Aristóteles propõe. Os problemas, em minha opinião, não se originam tanto nas capacidades conjunturais dos críticos nem na falta de instrumentos técnicos, mas em sua especial alocação no interior dessa instituição complexa e confusa que chamamos Literatura. Uma instituição na qual a crítica não apenas é hóspede relevante, pois na sua sustentação e reprodução participa embora, friso, não controle. Sendo esse não controle, justamente, a origem de seus mal-estares.

Para abordar o tema vou tratar, em primeiro lugar, e grosso modo, uma aproximação histórica que nos permita ver, a partir de um ponto de vista teórico, o lugar ou lugares que a instituição Literatura tem concedido, negando ou possibilitando essa outra instituição que chamamos Crítica, para, num segundo momento, tentar retomar a questão a partir de um enfoque mais prático e concreto.

A literatura como Instituição, como conjunto estável embora dinâmico — sigo aqui o jurista alemão Hans Kelsen[101] — de elementos materiais e imateriais, estruturados com arranjo de normas formais e informais, de personalidade reconhecida por seu entorno social e dotado de um regulamento interno que delimita seu funcionamento e composição. Assinala Kelsen[102] que nas instituições "toda norma emana de outra norma, remetendo sua origem última a uma *norma hipotética fundamental*" à qual se outorga "valor objetivo embora não descanse sobre um direito positivo".

E a Literatura como Sistema, uma entidade — agora me remeto a Niklas Luhman[103] — que se constitui ao traçar, mediante suas operações, um limite que a distingue do que, como ambiente, não lhe pertence: seu entorno sem que fixar um limite signifique isolar o sistema pois, inclusive para Luhman, um mesmo fato pode pertencer de modo simultâneo ao sistema e ao entorno. Tomando como premissa epistemológica, considerar que os sistemas se apresentam sempre como um fluxo de comunicação autorreferencial que opera por autocontato e auto-observação, e em condições de clausura.

AS QUERELAS

Para rastrear a genealogia do conceito Literatura irei me deter naqueles momentos da história da Literatura que me parecem mais significativos para estabelecer as relações singulares entre

---

101 Hans Kelsen (1881 1973) foi um importante jurista e filósofo austriaco, autor de, entre outras obras, *Teoria pura do Direito* (1960), *Teoria geral do Direito e do Estado* (1945) e *O que é justiça?* (1957). (N. do E.)

102 Kelsen, Hans. *Teoria general de las normas*. Mexico D.F : Trillas, 1994.

103 Luhman, Niklas. *Observaciones de la modernidad. Racionalidad y contingencia en la sociedad moderna*. Barcelona: Paidós, 1997.

a Literatura e a Crítica. Vou então para pleno século XVII para uma parada no que a história conhece como as querelas do neoclassicismo francês.

No mesmo ano, 1637, em que Descartes publica o *Discurso do método*, o dramaturgo Corneille estreia sua peça *El Cid* com um sucesso estrondoso que, contudo, é recebido com receio, paternalismo e desprezo pela "República das Letras" (ou seja, pelos escritores que se sentem detentores do cânone da beleza de raiz clássica herdado do humanismo renascentista). Das reservas se passará rapidamente para a polêmica aberta, pública, com o motivo de que Corneille, sem dúvida doido pela atitude resistente dos donos e gestores da legitimidade literária, edita por sua conta um texto no qual defendia as virtudes literárias de sua obra e argumentava, a partir de estritas posições literárias, as razões de seu sucesso: "E meus versos, em qualquer lugar, são meus únicos defensores / Apenas por sua beleza minha pluma é estimada / A ninguém mais que a mim mesmo devo meu renome", lembrando que *El Cid* havia deixado satisfeitos tanto o povo quanto os cortesãos e que, definitivamente, todos eram livres para aplaudir ou rejeitar a peça, mas que o aplauso geral legitimava seu mérito. É precisamente esse aspecto de sua argumentação que será duramente questionado pelos detratores para os quais o aplauso do povo não pode ser sinal de mérito — muito pelo contrário.

O escritor Scudery[104], ponta de lança dos desconfiados, acusa a peça de estar cheia de "efeitos especiais", de não ter verossimilhança manifesta, de exagerar as paixões, de enaltecer as

---

[104] Georges de Scudéry (1601-1667) foi um romancista e escritor francês, autor de, entre outras obras, *Ibrahim* (1641), *La mort de César* (1636), *Observations sur "Le Cid"* (1637) e *Preuve de passages allégués dans les "Observations sur 'Le Cid'"* (1637). (N. do E.)

emoções fáceis, de plagiar os espanhóis e explica que "existem certas peças... que de longe parecem estrelas mas que estudadas com atenção não passam de lixo. Por isso não é de se estranhar que o povo que julga com os olhos se deixe levar por esse sentido que é o mais traiçoeiro de todos". Essa intervenção dará lugar a uma guerra de réplicas, contra réplicas e libelos, abrindo passo para que todos os "doutos" reclamem, com urgência, uma intervenção da Real Academia, como porta voz dos "valores reais", o que nada tem de estranho se notarmos que o que realmente está sendo posto em questão são as fontes da legitimação, políticas em último caso, mesmo que literárias em primeira instância. Os "doutos" apelam, diante desse inconstante e indefinido povo ao qual apela Corneille, a "o público", entendendo o termo como o agrupamento dos que ocupam uma posição pública relevante na hierarquia social: acadêmicos, membros da emergente burocracia da Corte, "pessoas com condições", mas procurando ampliar o rótulo até "as honestas gentes", ou seja, a todas as camadas sociais que cooperam satisfeitas com o *establishment* da Monarquia absolutista e possuem uma cultura essencialmente contemporânea sem que lhes faltem vagas referencias clássicas que as traduções do francês foram colocando à sua disposição. Essas "honestas gentes" que anunciam a lenta chegada da nova classe burguesa, às quais o poder trata de envolver e atrair para suas posições mas apenas até certo ponto porque, em tempo, esse poder e seus agentes culturais colocam em dúvida a qualidade de seu julgamento, predispostas como estão a se deixar enganar sub-repticiamente pela tirania do popular ou pela fácil e legítima sedução do maravilhoso. *El Cid* caiu no gosto do povo, ninguém o nega nem pode negá-lo porque os aplausos já deram seu veredito, mas o prazer que gerou é um prazer popular que transforma em povo, em vulgo, em plebe todos aqueles que a aprovam.

Como aponta Hélène Merlin[105] o que a querela traz e revela é o conflito entre as razões privadas do autor e o necessário controle público dos discursos públicos e se faz tocar o alarme é porque o sucesso, que a princípio parece afetar apenas o literário, acabará por ganhar traços de verdadeira "desordem pública". Não esqueçamos que a desculpa para "se meter" com Corneille não é tanto a sua obra como o atrevimento de ter publicado/editado a sua própria exaltação. É essa a "ousadia democrática" que a República das Letras não pode perdoar, pois ao fazê-lo, Corneille está colocando em dúvida o controle desse espaço público e cultural que a publicação de textos constrói, num regime, convém lembrar, de concessão real, por ser a monarquia quem possui em primeira e última instância o monopólio soberano sobre "o público". E, com efeito, meses depois da querela ter sido iniciada a Academia emite um longo escrito *Os Sentimentos da Academia Francesa sobre a Tragicomédia* El Cid. A peça, que constitui em si mesma, um testemunho fundamental para entender a história literária, inicia com o tom impessoal de uma alta sentença: "Aqueles que por qualquer desejo de glória dão suas obras ao público não devem achar estranho que o público se torne juiz. Posto que eles fazem uma espécie de comércio de seu trabalho, é razoável que aquele ao qual o trabalho é oferecido tenha a liberdade de aceitá-lo ou rechaçá-lo".

E continua, proclamando que: "Nós não diremos que uma obra poética seja boa pelo fato de que tenha satisfeito o povo, se os doutos não estão satisfeitos. Não se trata de comprazer os que veem as coisas com olhos ignorantes ou bárbaros. Os maus exemplos são contagiosos, inclusive no teatro; as representações

---

105 Merlin, Hélène. *Public et littérature en France au XVII siècle*. Paris: Les Belles Lettres, 1994.

permissivas não trazem mais do que verdadeiros crimes e existe grande perigo em divertir o povo com prazeres que podem produzir algum dia dores públicas".

Detalhar o conjunto de intervenções e silêncios aos quais dá lugar a chamada *Querela de El Cid* é agora impossível, mas gostaria de deixar claro que nela se encontra o germe de muitas das questões que dizem respeito à atividade crítica atual. A Academia, através de cuja boca fala o poder, deixa claro que a crítica não pode nem deve ocupar nenhum espaço público, e que os critérios de seu juízo devem ser procurados não tanto na opinião pessoal, ainda que seja uma pessoa letrada, mas no Corpo coletivo que os doutos e o poder conformam como os únicos legitimados para administrar o patrimônio das regras da arte que é herança dos clássicos. Dito de outro modo: a crítica não é uma função diferenciada dentro da instituição Literatura e portanto não pode manter nenhuma distância em relação aos seus fins. E caso isso não fosse suficiente, deixa também claro que a Literatura, enquanto discurso público, está inserida, sem autonomia alguma, na esfera do poder. Porque para além de que a Academia reclame a Corneille a falta de decoro aristotélico no tratamento da história passional entre Ximena e Rodrigo, o que com sua intervenção condena é que tanto Corneille como seu acusador Scudery tenham tomado a palavra em público por conta própria. Falando claro, o aviso repete o ditado de que "roupa suja se lava em casa" e não à vista da chusma. Algo que também se tornará claro quando, cinquenta anos mais tarde, em plena hegemonia da Monarquia absoluta do rei Sol, terá lugar a chamada *Querela entre os Antigos e Modernos*, entre Boileau e Perrault[106], na qual para além das colocações sobre a legitimidade

---

106 *La querelle des Anciens et des Modernes* ou *La querelle des Classiques et des Modernes* foi uma polêmica iniciada na Academia Francesa de Letras no final do século XVII. Os

última dos antigos sobre as artes da Literatura, o que durante o seu transcurso se percebe é o desaparecimento daquelas instâncias, *le public, le peuple*, que constituíam o verdadeiro bastidor da primeira briga, colocando assim manifestamente que ainda a crítica não se constituiu como um sistema próprio. As duas querelas expõem o fato de que as Belas Letras correspondem a uma atividade cuja produção, circulação e recepção estão a serviço direto do sistema de poder, em cuja órbita se movem na condição de satélite e cujo núcleo e nobreza descansam no *corpus* de obras que a antiguidade clássica nos legou como exemplo e ensinamento.

ILUMINISMO E ROMANTISMO

Aquelas gentes honestas que assistiram em silêncio ao vai e vem neoclássico continuaram, contudo, se reproduzindo, acumulando capital e peso social, e migrando se deslocando do entorno em direção ao centro do sistema sociopolítico. Um deslocamento que, entre muitas outras várias, terá importantes consequências sobre a instituição Literatura. Uma delas, a que mais nos interessa, será o real nascimento da crítica no sentido pleno como que hoje entendemos o conceito. Vale apontar previamente a figura de Diderot[107] como ponte entre

---

Clássicos, ou Antigos — liderados pelo poeta e escritor Nicolas Boileau (1636-1711), chamado de "Legislador do Parnaso" —, defendiam a criação literária ligada rigidamente aos autores da Antiguidade grega e romana, enquanto os modernos — do escritor e poeta Charles Perrault (1628-1703), hoje conhecido como responsável pela popularização dos contos de fadas — afirmavam a inovação. (N. do E.)

107 Denis Diderot (1713-1784) foi um escritor, enciclopedista e filósofo, figura importante do Iluminismo. Escreveu, entre várias, *Jacques, o fatalista* (1778), *Carta sobre o comércio do livro* (1763) e *O passeio do cético* (1830). (N. do E.)

o neoclassicismo e os modernos, com sua insistência nas influências expressivas da técnica, e o apoio ilustrado, de perfil pré-romântico, à sensibilidade estética como nova categoria do que é literário. Um Diderot que também está atento à polis, ao político, que a nova classe carrega consigo dado que aquela gente honesta de antigamente agora, após seu avanço social, reclama voz própria, a gestão de suas próprias necessidades, o direito de tornar públicos os critérios individuais e rejeita de modo radical que os poderes queiram continuar se mantendo como depositários dos julgamentos que afetam a esfera da subjetividade e, especialmente, afetam o gosto como medida do estético, ambos os conceitos que eles mesmos introduzem. Nasce, assim, a Estética como uma forma de fronteira, como um território protegido que a burguesia em seu desenvolvimento constrói perante as ânsias intervencionistas dos poderes tradicionais: o absolutismo político e o absolutismo religioso, a monarquia e o altar.

A Estética como aquela qualidade que será reconhecida ou outorgada a uma série de "mercadorias" encaminhadas para que seus degustadores "sintam bem" e portanto, "se sintam melhores". Um território, o dos sentimentos, que precisamente por sua privacidade, impede a invasão daqueles outros poderes, criando, desse modo, via separatismo estético, uma espécie de nova nação, integrada mas autônoma dentro de cada Nação, nacional mas universal, na qual rapidamente a Arte e os artistas e a cidadania "sensível" se reconhecem como irmãos e constituem uma fratria estética na qual o movimento romântico se arraigará e desenvolverá profundamente. Um território ocupado pelos elementos mais ilustrados e dinâmicos da burguesia nascente onde sobrevivem elementos aristocráticos e de elite que constroem uma sociedade civil da cultura, na qual o individualismo econômico é reforçado com a propriedade privada dos sentimentos estéticos e, claro, com a assimilação da tradição humanista enquanto fonte de legitimidade. É nesse momento, entorno à constituição das esferas públicas europeias, estudadas por Hobsbawm[108], que nasce a crítica, porque é nesse momento que nasce o público, já que a crítica, enquanto instituição, como bem aponta Eagleton[109], emerge quando a discrepância sobre o controle das palavras e dos valores encontra um lugar — social, político, cultural — articulado dentro do jogo de poderes existente numa sociedade complexa.

Interpretando tanto Eagleton quanto Hobsbawm me atreveria a dizer que a crítica moderna aparece revestida com as discretas roupagens de um Manual de Urbanidade a serviço das necessidades da nova classe ascendente. Um manual para o ensino de como se comportar tanto em público quanto na esfera privada: o que dizer, o que calar, o que comprar, o que ler ou não, e, sobretudo, o que sentir. O que ainda hoje resulta mais admirável dos críticos iluministas é a discrição e o tom médio com que publicistas, como Addison ou Steel, falam aos seus, um a um, passando com naturalidade de um comentário sobre moda feminina ao comentário sobre a última novela de Richardson[110]. Surpreende comprovar como não mudam de registro ao mencionar o porquê da conveniência de uma educação severa para as crianças ou ao escrutar os meandros morais de Shakespeare, Milton ou Defoe. Como se o decoro aristotélico, campo de batalha do neoclassicismo, tivesse deixado seu lugar

---

108 Hobsbawm, Eric. *A invenção das tradições*. Rio de Janeiro: Paz e Terra, 1984.

109 Eagleton, Terry. *A função da crítica*. São Paulo: Martins. Fontes, 1991.

110 Samuel Richardson (1689-1761) foi um editor e escritor inglês, autor de romances epistolares como *Pamela* (1740) e *Clarissa* (1748). (N. do E.)

CONSTANTINO BÉRTOLO

à *delicatesse*, como se a catarse fosse cedendo lugar à simpatia cordial. É verdade que eles já mataram um rei e não precisam exaltar ninguém. A Estética, embora submerja suas raízes no entusiasmo de Shaftesbury[111] ou na teoria do gosto de Baumgarten[112], é oferecida, num primeiro momento, como uma pragmática do cotidiano — como podemos produzir um objeto que seja belo, agradável, prazeroso? — que apenas será tingido de exaltação quando o Romantismo o inflame com seu gênio.

Parece evidente que as doutrinas do livre exame, da relação sem intermediários entre o Ser Supremo e o eu individual tiveram um papel relevante no que podemos chamar de direito ao gosto pessoal. Esse direito "à individualidade", levado ao extremo, supõe, a princípio, a impossibilidade de fundamentar a existência de um público, entendido como conjunto social formado e delimitado entorno de um gosto comum, uma ideologia comum e práticas culturais compartilhadas, e cuja existência estamos defendendo como pedra fundamental, como clave da crítica. Precisamente esse passo do gosto entendido como algo pessoal para um gosto comum será a tarefa da crítica ilustrada. Em *"Do padrão de gosto"*[113], David Hume parte da evidência da variedade de gostos existentes para propor uma norma do gosto, "uma regra com a qual possam ser reconciliados os diversos sentimentos, ou ao menos uma decisão que confirme um sentimento e condene outro" e considera que, se bem "a beleza não é uma qualidade das próprias coisas; existe apenas na mente que as contempla e cada

---

111 Anthony Ashley-Cooper, conde de Shaftesbury (1671-1713), foi um político, escritor e filósofo inglês, autor de *A Letter concerning Enthusiasm* (1708) e *Characteristicks of Men, Manners, Opinions, Times* (1711). (N. do E.)

112 Alexander Gottlieb Baumgarten (1714-1762) foi um filósofo alemão, autor de *Meditações filosóficas sobre as questões da obra poética* (1735) e *Estética* (1750). (N. do E.)

113 Hume, David. "Do padrão de gosto", em *Ensaios*. Rio de Janeiro: Topbooks, 2004.

mente percebe uma beleza diferente", existe também uma espécie de gosto comum, baseado na experiência que assinala qual gosto é mais acertado, "uma coincidência relativa dos julgamentos estéticos que podemos apreciar como fenômeno puramente factual". Por um momento, Hume parece se adiantar à estética da recepção, embora logo volte atrás e confesse que "em meio a toda a variedade e capricho do gosto há certos princípios gerais de aprovação ou censura, cuja influência podem distinguir uns olhos cuidadosos em todas as operações da mente. Algumas formas ou qualidades particulares, por causa da estrutura geral de nossa configuração interna estão calculadas para agradar e outras para desagradar". O problema sobre o fundamento do conceito de público que vínhamos colocando parece, portanto, ter se solucionado pois, ao redor desses princípios gerais dos que Hume fala, pode se construir esse gosto comum. Permanecia, contudo, o problema da crítica, ou seja, da legitimação para assinalar o bom ou mau gosto e portanto o problema político de como afiançar e fomentar em torno de um gosto comum um público destinado a participar no combate que a burguesia como classe está levando a cabo. Também para isso Hume encontra solução ao enunciar que "Observa-se em alguns homens uma delicadeza de gosto que se assemelha muito a essa delicadeza de paixão, e que produz a mesma sensibilidade com relação à beleza e à deformidade de todo tipo que a produzida pela outra a respeito da prosperidade e adversidade, aos favores e às injúrias. Quando se apresenta a um homem que possui esse talento um poema ou um quadro, a delicadeza de seus sentimentos faz com que se veja afetado sensivelmente por cada uma de suas partes, e o refinado gozo e satisfação com que percebe os seus traços magistrais não são maiores que o desgosto ou decepção com que percebe os descuidos e disparates." Um dos protótipos do crítico literário com

CONSTANTINO BÉRTOLO

maior vida dali para frente acaba de nascer. Observemos como, para inventá-lo, Hume deve acudir novamente à ideia de beleza que antes parecia ter abandonado. Demos, pois, as boas vindas a este crítico impressionista que compartilha o bom olho para discernir prosperidade e adversidade com as delicadas papilas gustativas que irão lhe permitir hierarquizar entre um Borgonha e um Burdeos. Um crítico e uma crítica cuja estratégia não passará tanto pela razão como pela empatia na expressão.

Dou um salto novamente no tempo, mesmo arriscando quebrar uma perna, me encontro agora em pleno Romantismo para ver como o Sistema Literatura e o subsistema Crítica, que já caminha por sua conta, vão adquirindo os perfis históricos mais reconhecíveis. Os românticos não se conformam com ter público: eles falam para toda a Humanidade e sua meta não é tanto uma beleza regulamentada como a Verdade, assim, com maiúscula. Sua crítica não se dirige contra o que está mal construído mas contra o que é medíocre. O romantismo, como o impulso do eu e, portanto, a exaltação do individualismo, legitimação do liberalismo econômico, homologação da lógica de mercado, apelação ao sufrágio na política. Um impulso anterior à Revolução Francesa, mas que encontra nela seu momento de glória e fracasso relativo. Glória porque finalmente aquelas gentes honestas de antigamente entraram com voz protagonista na História. Fracasso relativo porque não se deve esquecer que no fim das guerras napoleônicas as burguesias europeias são obrigadas a pactuar com os restos do sistema aristocrático e, entre esses pactos, se misturam vivencias estéticas e culturais pertencentes ao Antigo Regime que vão sobreviver como parâmetros de distinção e diferenciação tanto no interior da classe como para externamente e que vão acentuar o seu peso de forma muito patente quando o proletariado, como ameaça, faça ato de sua presença. O Romantismo como procura de um impossível, a flor azul, símbolo de uma meta, uma Verdade que está ao mesmo tempo onipresente, tanto no interior quanto no exterior do Homem e que precisa ser merecida para que a harmonia entre este e a natureza seja recuperada. Uma Verdade que é uma espécie de inocência perdida e um Santo Graal extraviado no transcurso da História, cujas relíquias ou restos acreditam poder encontrar na cultura popular um sobrevivente. Uma Verdade que reclama ação, valor, gênio, criatividade, originalidade, exaltação, ruptura com os aspectos medíocres e rotineiros da vida burguesa, sem que isso signifique questionar os seus fundamentos.

Em sua fase de expansão, o Romantismo precisava de apoio dos restos aristocráticos restaurados após as revoluções e comoções burguesas. Certa exaltação cavalheiresca parecia o ingrediente necessário. Mas não é menos certo que a continua consolidação da burguesia e de suas lógicas mercantilistas, nada heroicas, irão aos poucos causando erosão naqueles componentes aristocráticos e a Verdade romântica deixará passo para as verdades com minúsculas, verdades mais preocupadas ou atentas à própria realidade que a burguesia, em seu desdobramento, vai encontrando e nas quais o mecenato, os aportes da igreja e as rendas sobre as quais o sistema literário do antigo regime se assentava vão se desvanecendo, deixando passo a uma economia de mercado que, se bem libera a atividade literária de seus servilismos para com a Corte, a abandona agora ao risco e à concorrência.

Com o triunfo da burguesia, se produz uma situação paradoxal pois, se bem na sua longa luta contra os absolutismos e os poderes da igreja a burguesia aportou, como vimos, um território estético no qual a política ou qualquer outra instância de poder tinha deslegitimada a sua intervenção, uma vez que a ideologia burguesa, diretamente relacionada com o liberalismo econômico, consegue hegemonia, cai em sua própria armadilha, deslegitimada para intervir com sua linguagem econômica nesse campo. Tem início, assim, uma situação de esquizofrenia que durante muito tempo é resolvida procedendo a uma dupla demarcação de terrenos: um ligado às culturas / não culturas do entretenimento e outro relacionado com a cultura como um tabu sacralizado: belas artes, cultura das elites. No primeiro terreno emerge uma potente indústria cultural: folhetins, novelas populares, subgêneros, narrações extraordinárias, literaturas familiares, que não ocultam sua regra do jogo — o benefício econômico e o preço como local de encontro entre o produto e o consumidor. No segundo, uma cultura que é produzida, circula e é consumida mediante atividades econômicas que "não se movem unicamente com o objetivo do lucro": concertos, óperas, edições de alta literatura, universidades, exposições etc. A César o que é de César (os lucros) e a Deus o que é de Deus (a emoção estética), aceitando assim a dualidade cristã: alma e corpo, dinheiro e Arte. É essa convivência esquizofrênica a que cria os problemas detectados por Bourdieu em relação às lutas no campo literário: o sagrado versus o profano, a Arte contra o comércio, a arte pura contra a arte mercenária. É o desenvolvimento contínuo da atividade mercantil e econômica com seus efeitos: a concentração e o crescimento da população urbana, o desarraigo, a aculturação das novas camadas do proletariado, o estabelecimento da imprensa como meio de comunicação de massas, o lento porém sustentado avanço da alfabetização, o incremento das redes de transporte e da mobilidade geográfica, são transformações que o desenvolvimento contínuo da atividade econômica capitalista gera e que vão dar lugar por um lado à destruição dos espaços onde estava refugiada, ou melhor dizendo, resguardada pelo desprezo, a cultura popular e, por outro, ao surgimento do que se chama baixa cultura, como se derivada do naufrágio da cultura popular.

Em seu clássico ensaio *Cultura popular na Idade Moderna*[114], Peter Burke serve-se dos trabalhos do antropólogo social Robert Redfield[115] para delinear um modelo cultural no qual se destacam duas tradições: a "grande tradição" de uns poucos instruídos e a "pequena tradição", do resto, não tão separadas como caberia pensar, pois como Burke salienta, a cultura popular teria sido, ao menos até bem avançado o século XVIII, uma cultura compartilhada, na qual as classes dirigentes participavam e não apenas se nutriam. Os carnavais, as festas, as corridas; os bailes e as canções; os sermões, as apresentações cômicas... existe todo um repertório de manifestações culturais de caráter popular onde era comum a participação e não apenas a presença das classes altas, para as quais essa "pequena tradição" a que Redfield se refere constituía — diz Burke —, uma espécie de "segunda cultura". Contudo as relações entre a alta e a baixa cultura propiciada pela concentração urbana e as técnicas de reprodução de massa serão, ao menos durante um longo período de tempo, relações antagônicas, uma vez que competem, compartilham e até se sobrepõem na hora de ocupar um novo espaço, o mercado, no qual a cultura irá se desenvolver. As tensões às quais o gênero burguês por excelência se verá submetido — a novela, sempre a reboque, entre o entretenimento e o conhecimento — demonstram bem isto.

---

114 Burke, Peter. *Cultura popular na Idade Moderna*. São Paulo: Companhia das Letras, 1989.

115 Robert Redfield (1897-1958) foi um antropólogo, sociólogo e etnolinguista americano. Escreveu, entre outras obras, *Folk Cultures of the Yucatán* (1942) e *The Primitive World and its Transformations* (1953). (N. do E.)

É nesse contexto que nasce a edição moderna. Por um lado um sistema editorial orientado para o lucro, que trabalha com subprodutos populares e que vai integrando-se gradualmente no que o passar do tempo irá configurar como indústria do ócio e do entretenimento. Por outro, um sistema editorial que procura benefícios "honestos" em um terreno de minorias nada imensas mas com uma ampla capacidade para produzir valores e imaginários coletivos com ares humanistas. Em poucos anos, a produção de cultura passará, de uma atividade a serviço de uma demanda com origem em núcleos elitistas da sociedade, a uma atividade de oferta que precisa portanto criar no mercado as necessidades que como indústria produz. Uma transformação econômica radical que irá gerar todo um sistema de publicidade perante o qual a crítica não permanecerá alheia. Uma crítica que se verá obrigada a atender a produção tanto da instituição Literatura quanto da indústria literária. Em minha opinião, essa tensão dará lugar, de um lado, a um sistema crítico que se integra sem problemas no novo cenário e que, recolhendo as ferramentas próprias da crítica impressionista centra-se nos aspectos mais chamativos ou atraentes de uma literatura focada no puro entretenimento e, de outro, num sistema crítico "alto" que continua considerando as obras literárias como encarnação de valores humanistas e estéticos e que resiste em aceitar que essas novas populações urbanas devam ser consideradas como "público".

Embora não seja possível comentá-los com o detalhamento que sem dúvida merecem, não posso deixar de citar dois documentos de crítica fundamentais por sua capacidade de esclarecer as novas tensões às quais nos referimos: um deles encontra-se nas páginas de *Ilusões Perdidas*, de Balzac e corresponde ao momento em que o protagonista, metido a crítico literário a serviço de um jornal com claros objetivos políticos, escreve uma resenha favorável sobre uma determinada obra para pouco depois trocá-la por uma desfavorável quando os proprietários do meio de comunicação lhe apontam seus novos interesses. O outro documento é o dossiê correspondente ao julgamento[116] que teve como centro a publicação de *Madame Bovary* e que representa talvez a última tentativa de ataque por parte do poder político à autonomia da arte em nome da religião e dos bons costumes. Acho que, paradoxalmente, tanto o escrito do fiscal quanto o da defesa expressam com clareza, mais do que qualquer crítica concreta à época, a relação entre o Sistema Político e o Sistema Literatura. De sua leitura pode-se concluir que, se bem a sentença foi favorável à publicação, a famosa autonomia da Arte sai do julgamento bem mal parada a partir do momento em que fica claro que a tal autonomia é uma autonomia sempre relativa e, sobretudo, deixa ver com contundência que toda autonomia é dependência e nesse caso dependência com relação aos poderes que, em última instância, controlam a circulação dos discursos públicos, os literários incluídos.

Antes de prosseguir, resumo as teses sustentadas até o momento:

A crítica é crítica enquanto é pública. A crítica literária, por ser pública, interfere e sofre interferência do sistema de poder. O sistema crítica, para existir, deve distanciar-se do sistema literatura. O sistema literatura tende a marcar as fronteiras e o objeto da crítica e insiste na pertinência e permanência da crítica no interior desse sistema literatura. A composição do público e a conformação do espaço público transformam as funções da crítica. O sistema literatura, ao menos até o final do século XIX,

---

116 *Actas completas de los juicios a Flaubert e Baudelaire*. Buenos Aires: Mar Dulce, 2012.

encontra sua legitimidade em argumentos estéticos específicos e em razões humanistas universais.

Até esse momento, finais do século XIX — me atreveria inclusive a marcar uma data: até 1871 e a Comuna de Paris —, a crítica literária desenvolveu uma estratégia baseada na utilização de instrumental aristotélico para esconder seu olhar platônico, buscando nas obras literárias algo que não está neles de maneira completa e que nunca poderá estar porque embora tenha nome seu conteúdo é intangível: Beleza como Verdade, Verdade como Beleza. E, nesse sentido, toda a crítica pode ser definida como crítica de uma ausência. A Literatura como Arte define-se como uma tautologia sacra: Eu sou o que sou. E à crítica é concedido o papel de uma Teologia: o estudo do que não está mas em cuja existência se ajusta. A arte como ausência e portanto a obra de arte como tentativa de fazer enxergar o que não se vê. Um papel semelhante ao que Heidegger reclama numa das passagens de *O ser e o tempo*, quando se pergunta: "Que é isso que a Fenomenologia deve 'fazer ver'?" E responde: "Evidentemente, aquilo que de um modo imediato e regular precisamente não se mostra, aquilo que fica oculto no que imediata e regularmente se mostra mas que, ao mesmo tempo, é algo que pertence essencialmente ao que imediata e regularmente se mostra, até o ponto de constituir seu sentido e fundamento".

A crítica como reflexão sobre uma ausência, "o rastro dos deuses fugidos", dá lugar a uma posição privilegiada do crítico que, por sua vez, é a origem do questionamento por parte, sobretudo, dos autores. Se as obras literárias apontam em direção dessa ausência que se lhes apresenta como meta ou ideal, o crítico tende a se situar como fiador ou guardião dessa exigência que podemos chamar estética ou espírito. "O crítico como guardião do espírito da Literatura", escreveu Robert Musil. Dito de outro modo, o crítico lê em cada livro o livro perfeito que deveria ter sido e não é, precisamente porque uma condição da perfeição é a sua inexistência. O paradoxal é que o crítico precisa saber como é esse livro perfeito porque esse é o padrão-ouro a partir do qual pesa e mede. "Sou criticado porque não escrevi o livro que ele gostaria que tivesse escrito, o livro que em sua opinião deveria ter escrito", diz o autor como queixa e tem razão ao se queixar, mas a razão que tem é a sua, e não a razão da crítica. Num entendimento da Literatura como revelação de verdade ou beleza — *locus mentalis*[117] que cabe identificar com aquela *norma hipotética fundamental* que Kelsen aponta como pilar de toda instituição e que hoje segue sendo chave da crítica que encarna ou diz encarnar a exigência — é inevitável que o crítico, segundo sua Estética ou Poética, construa seu próprio padrão-ouro e irídio. E se sua Poética é clássica ou formalista, recorrerá para sua construção a um cânone determinado e se sua Estética for romântica apelará para outro. Um e outro utilizarão o seu cânone correspondente para realizar a tarefa que o seu trabalho exige: determinar o gênero e a diferença específica. A única crítica que pode se dar ao luxo de escapar desse jogo é a crítica impressionista, pois o seu juízo se fundamenta apenas na fé que mereça, no crédito alcançado ou na etérea comunhão de almas e sensibilidades. A crítica como ausência, se quiser se evadir do perigo platônico que sem dúvida a acossa, deve recorrer ao instrumental materialista que a própria literatura, diretamente ou por meio das reflexões teóricas, historicamente vem gerando: formas, estruturas, configurações. Somente assim poderá argumentar sobre o que o livro é ou não é, sobre no que no livro há ou não há, sobre o que o livro oferece e ignora. Não existe livro perfeito, a crítica sabe disso, essa é a base

---

117 Em latim no original, lugar mental. (N. do E.)

de sua sabedoria. E me atreveria a dizer que o autor também sabe disso, mas o nega. Sobre esse fato, inevitavelmente, crescem e se multiplicam os desencontros e os mal entendidos.

AS VANGUARDAS

Se a emergência da baixa cultura ao longo do século XIX é uma ameaça para o Sistema Literatura frente ao qual se reage com desprezo e com o reforço da clausura operativa intensificando os processos de distinção — pensemos em Baudelaire, Mallarmé, Henry James, Rilke, Valery — das margens da baixa cultura, mas com o claro propósito de tirar do caminho tanto ela quanto a alta cultura. Emerge então um novo paradigma: a cultura revolucionária, ligada à ascensão de um proletariado que se organiza entorno do anarquismo ou do socialismo marxista. Essa ameaça, perante a qual o desprezo já não é estratégia suficiente, coloca em questão o fundamento básico da cultura burguesa: a sua presunção de ser a representante da classe universal. Do questionamento dessa tese desprende-se o questionamento dos valores que acompanham a classe questionada: valores políticos, morais, culturais e estéticos. Nesse clima, evidente a partir da Comuna de Paris, crescerão as vanguardas artísticas.

Mesmo sem me deter na análise do que o seu aparecimento significou, entendo que para além das interpretações diversas sobre essa etapa parece aceitável considerar que durante o período das vanguardas uma possibilidade até então nunca manifestada se fez visível: a morte da Arte. Uma possibilidade que o grupo Proletkult[118] proporia como programa em plena Revolução bol-

---

118 Proletkult é a abreviatura da expressão russa *"proletarskaya kultura"*, isto é, cul-

chevique, ou seja, em um momento em que o público da burguesia diminuiu e outro público, o proletariado, é uma possibilidade intangível. Por trás da proposta da morte da Arte está a ideia de um novo público, diferente, não burguês, radical, não contaminado pela cultura e talvez seja útil relembrar títulos como *O mal-estar na cultura*, de Freud ou *A rebelião das massas*[119], de Ortega y Gasset para situar a proposta desde outras perspectivas. Parece evidente que o impacto da revolução, associada ao radicalismo das Vanguardas, produziu uma mudança de clima no mundo das artes. Os Proletkult, lembra Armand Mattelart[120], aspiravam a uma nova cultura, a cultura proletária, que rompesse radicalmente com a cultura do passado; seus teóricos — no terreno da arte — alentavam as novas correntes que tentavam romper totalmente já não apenas com a arte e a literatura do passado mas com toda ideia de arte como atividade diferenciada do fazer humano.

"As artes plásticas do mundo novo" — lemos em seu manifesto, — "serão produtivas ou não serão artes de modo algum. A esse respeito, alardeia-se a instituição do "eu" do artista, o instinto, o sagrado da arte, etc. Tudo isso não são mais que pequenezes extraídas do berço mesmo do idealismo e da metafísica."

Assim são as coisas nas artes plásticas. E na Literatura?

"O avanço impetuoso da revolução introduziu um novo conteúdo em nossa linguagem, rompendo suas "nobres" formas clássicas... Na luta feroz com a literatura burguesa o novo artista proletário vai emergindo embora em grande medida ainda

---

tura proletária. Movimento revolucionário e literário surgido em 1917, tinha entre seus membros o filósofo Alexander Aleksandrovich Bogdanov (1873-1928), o escritor Maxim Gorky (1868-1936) e o poeta Alexey Gastev (1882-1939). (N. do E.)

119 Ortega y Gasset, José. *A rebelião das massas*. São Paulo: Martins Fontes, 2002.

120 Mattelart, Armand. *Geopolítica de la cultura*. Santiago: LOM, 2002.

seja prisioneiro dessa literatura. Nossa missão é educá-lo para que siga nosso caminho, colocar em suas mãos a arma poderosa da concepção monista do mundo e da vida e *impulsionar* suas forças criadoras."

"Em nome de nosso futuro queimemos Rafael, cortemos as flores da arte..."

"Muitos ignorantes têm especulado com essas palavras de um poeta proletário. Mas a nossa tarefa não é destruir os valores materiais da velha cultura, mas acabar com a ideologia, com o fundamento no qual esses valores se baseiam. Sabemos que muito da velha cultura formará parte, como material, da nova; isso é historicamente inevitável, mas o cimento da nova cultura será a cultura de classe, proletária."

A atitude do Proletkult, que também reivindicava certa autonomia e independência de sua organização com relação ao partido e ao estado, seria duramente criticada por dirigentes bolcheviques como Lunacharsky[121], Lenin ou Trotsky, refutando suas tendências autonomistas e contrapondo ao seu niilismo perante a herança cultural a defesa desta. Lenin, por exemplo, entende que a atitude do Prolet supunha romper vínculos com um passado cujas formas e linguagem asseguravam a comunicabilidade com as massas, algo absolutamente prioritário para manter o novo Estado soviético. Se para ganhar essa batalha fosse necessário recorrer ao cadáver de *El Cid* — diz a lenda que os cristãos utilizaram o cadáver do herói castelhano para vencer os mouros — pois recorreriam a ele e a reprovação leninista ao

---

121 Anatoli Vasilevitch Lunatcharski (1875-1933) foi um dramaturgo, crítico literário e político soviético. Bolchevique, teve participação ativa na Revolução de Outubro, posteriormente assumindo cargos importantes, como o de Comissário do Povo para a Instrução Pública. (N. do E.)

Prolet talvez fosse não tanto por que não compartilhasse com a sua tese, mas por que não lhe pareceria o momento oportuno para que Pletnev[122] e os seus gritassem que o rei não só estava nu, como estava morto. Também Trotsky rechaça de início a tese da morte da arte. Sabe que "Cada classe dominante cria sua cultura e, em consequência, sua arte", mas sabe também que o triunfo da revolução bolchevique não significa que o proletariado tenha se constituído já como classe dominante, e portanto não lhe parece oportuno colocar o carro na frente dos bois e pede paciência, tempo, trabalho e o uso, por enquanto, dos restos da cultura derrotada por mais que isso pudesse parecer um retrocesso; daí lembrar como conselho o modo como Lassalle[123], numa carta a Marx e Engels, afirmava que "renunciaria voluntariamente a escrever o que sei, para realizar somente uma parte do que posso"; ou como o poeta Demian[124]: "Deixo de bom grado aos outros o cuidado de escrever em formas novas e mais complexas sobre a revolução, posto que posso escrever nas velhas formas para a revolução." Trotsky e Lenin são conscientes de que precisam de uma literatura a serviço de um Estado não socialista, mas em transição rumo ao socialismo e que além do mais está obrigado a defender sozinho sua legitimidade, e respeitabilidade, acrescentaria eu, frente ao que chamamos a conjuntura das nações. "Insuflemos vida ao cadáver Arte", se tornou então a consigna para a ação literária dentro da União Soviética e,

---

122 Valerian Pletnev (1886-1942), dramaturgo e crítico soviético, foi presidente do Proletkult entre 1920 e 1932. (N. do E.)

123 Ferdinand Lassalle (1825-1864) foi um jurista e político, considerado precursor da socialdemocracia alemã. Contemporâneo de Karl Marx, escreveu, entre outros, *A essência da Constituição* (1863). (N. do E.)

124 Demian Bedny é o nome artístico de Yefim Alekseïevitch Pridvorov (1883-1945), escritor, jornalista e poeta soviético. (N. do E.)

via terceira Internacional, naqueles espaços culturais em que a estratégia soviética teve influência, que não eram poucos nem pouco o seu peso. Mas não se trata aqui de valorar ou avaliar detalhadamente as razões de uns e de outros, nem indicar o possível idealismo dos Prolet ou o conservadorismo oportunista dos dirigentes bolcheviques. Para avançar na nossa hipótese, é suficiente constatar que nas vanguardas se aninhava um buraco negro, uma força gravitacional que colocava o desaparecimento da arte, sua dissolução na mera categoria trabalho.

Mesmo sem propor uma fábula conspiratória na qual o desenvolvimento das ideologias estéticas tenham sua razão de ser em algum conclave secreto, não cabe tampouco ignorar que a maioria das literaturas ocidentais direta e indiretamente se abrem, depois da I Guerra Mundial e da Revolução Soviética, levadas pelo que chamaremos de espírito da época. Para uma aceitação da responsabilidade civil e social que afeta as obras literárias e que tentará conviver com o respeito para com uma concepção estética na qual a autonomia da arte fique salvaguardada mesmo quando a suspeita sobre as bases dessa estética sejam colocadas em dúvida ou tentem ser reconstruídas a partir de pressupostos não metafísicos. Com simpatia ou não, convivendo ou repudiando as propostas de transformação radical do sistema econômico e social capitalista, não é possível deixar de ver que as literaturas ocidentais tentam dar uma resposta ao que as vanguardas política e esteticamente representaram como *misse en abyme*[125]. Caberia dizer que o campo literário parece tornar sua a seguinte reflexão de Paul Feyerabend: "A literatura

---

[125] A expressão francesa *"mise en abyme"*, literalmente, "colocada em abismo", se refere ao procedimento literário de imbricar uma narração dentro de outra, criando uma estrutura de sonho ou jogo narrativo. (N. do E.)

não é uma peça musical que possa ser desfrutada por si mesma: supõe-se que nos orienta através da confusão e quiçá nos proporciona um programa para a mudança". Acho que podemos concordar que a obra de autores como Thomas Mann, Musil, Gide, Joyce, Svevo, Zweig, Canetti pode ser agrupada sob essa onda que talvez nasça com Zola, encontre seu lar em Remarque[126] e Romain Rolland[127], pule por sobre a Segunda Guerra Mundial e alcance a obra de Sartre.

Entendo ainda que essa dupla envergadura da literatura "tardio-moderna" é também causa, ainda que remota, do auge da crítica literária uma vez que a obriga a enfrentar a literatura como uma linguagem na qual se cruzam e fundem materiais formais e semânticos que vinculam as obras literárias tanto à sua história específica quanto ao entorno histórico no qual se desenvolvem. Nomes como Mikhail Bakhtin, György Lukács, Bertolt Brecht, Edmund Wilson, C. S. Lewis, Raymond Williams, Ernst Robert Curtius, Antonio Gramsci parecem confirmar que a grande crítica encontra também nessa onda as suas "condições de felicidade". Se a morte da arte teve lugar no espaço das vanguardas, bem poderíamos afirmar, tendo em vista os nomes citados, que não faltaram ao defunto herdeiros que fizeram jus à sua herança. Outra coisa é o que ocorrerá com os que não participaram dessa herança.

---

126 Erich Maria Remarque (1898-1970) foi um escritor alemão, autor de vários livros, como *Nada de novo no front* (1929). (N. do E.)

127 Romain Rolland (1866-1944) foi um novelista francês, vencedor do Nobel de Literatura de 1915, autor de, entre outros, dos livros do ciclo romanesco *Jean-Christophe* (1904-1912). Em 1923, fundou a revista *Europe*. (N. do E.)

A PÓS-MODERNIDADE

Entre 1949 e 1968 a quantidade de dólares circulando no exterior dos EUA passou de 6.400 para 35.700 milhões, enquanto as reservas de ouro em poder dos Estados Unidos se reduziam a menos da metade. No dia 14 de novembro de 1973 o capitalismo abandona oficialmente o padrão-ouro, por si só uma metáfora, e se vê obrigado, para sobreviver, a renunciar a qualquer fonte de legitimidade que não seja a sua mais autêntica: o lucro econômico. Muitos dizem que, naquele dia, começou a pós-modernidade. As necessidades financeiras que o grande déficit comercial dos EUA provoca — e do qual se nutre o resto das economias mundiais — exigem que o dinheiro se veja livre de qualquer sujeição à realidade. Desde então, o dinheiro será somente isso: dinheiro fiduciário, um ato de fé, e a fé, já se sabe, se falta, se impõe a golpe militar. Qualquer outra legitimidade fica a curto, médio e longo prazo, derrocada. A pós-modernidade inicia o seu avanço e, maquiavelicamente, será apresentada como uma liberação: todas as legitimidades são válidas, proclama o plano das mil flores de Mao, como se o capitalismo desatado não supusesse o destronamento de qualquer legitimidade alheia. A ruptura com o ouro, simbólica e materialmente, leva ao desterro de qualquer valor intrínseco, ao abandono daquelas roupagens com que as democracias capitalistas vestiram durante muito tempo seu trabalho civilizatório; adeus ao brilho, à distinção, ao que é permanente, ao apreço do escasso, aos valores sólidos, palpáveis, comensuráveis, quantificáveis, eternos, aos valores nos quais se vinha assentando seu prestígio e *autoritas*.

Apesar da crise e do que ainda haverá de crise, estamos assistindo ao século de ouro de uma burguesia que finalmente conseguiu se liberar das amarras aristocráticas que outrora lhe serviram para se legitimar. Agora sim, o contrato é o único código de relação social, cultural e político e está mandando a Estética ao baú das recordações, onde vivem os queixosos da alternativa e da nobre autonomia da arte. Tanto se falou da morte da arte e do desaparecimento do autor que agora o capitalismo se converteu no mais radical dos movimentos antiarte. Em pleno desdobramento global, a burguesia decidiu que já não precisa se vestir com valores alheios e que a sua própria lei, a lógica do lucro, sou o que compro, sou o que vendo, é a única palavra legítima. Basta-lhe o seu próprio corpo e decidiu vender até sua alma. Alma esta que, por outro lado, não nos enganemos, sempre desprezou. A legitimidade burguesa começou então a dizer adeus a seus companheiros de viagem: a política, a religião, o humanismo, a Estética. E a Literatura tira finalmente, gulosa e hipócrita, os tampões de cera do ouvido e se atira nos braços das sereias do mercado, vendendo sua autonomia por um prato de lentilhas e uma boa quantidade de dinheiro. "Eu vi os expoentes da minha geração destruídos pela loucura / morrendo de fome, histéricos, nus / arrastando-se pelas noites, em busca de algum prêmio literário." *Uivo*. Allen Ginsberg[128] (quase).

A instituição Literatura, que tinha tentado sobreviver na sociedade de consumo de massas proclamando-se como uma mercadoria singular: o fetiche Arte, que lhe permitia resistir como autodescrição, acabaria por demonstrar, ainda dentro de um mercado aparentemente respeitoso para com a sua pretensão de singularidade, a sua nula ou muito escassa resistência perante a fetichização generalizada das mercadorias que a empurra para dentro desse sistema Mercado que está sendo erguido, como diria Luhman, no sistema de comunicação hegemônico, capaz de

---

128 Ginsberg, Allen. *Uivo, Kaddish e outros poemas*. Porto Alegre: L&PM, 1984.

dobrar qualquer outro sistema de comunicação, a cultura, por exemplo, que pretenda lhe opor resistência. "As máquinas sociais", escreve Pedro G. Romero[129], "realizam dois movimentos básicos, dependentes entre eles, impossíveis de economizar um sem o outro: distribuir e hierarquizar. Trate-se de bens, disposição de nomes ou categorias morais, a máquina institucional realiza essa operação básica", mas no modelo social do capitalismo tudo é distribuir, sem necessidade de hierarquizar, mesmo sabendo que não existe o movimento de uma coisa sem a outra. O desenvolvimento econômico da segunda metade do século XX leva a uma acelerada expansão mercantil que, ao mesmo tempo em que abre novos mercados, exige a ampliação e renovação contínua daqueles espaços de atividade aptos para alimentar o fluxo de mercadorias que a maquiaria requer. E se no espaço cultura assiste-se a princípio à industrialização em série daquelas artes ou produtos que tradicionalmente se identificavam com a baixa cultura, rapidamente o assalto centra-se nas zonas intermediárias — o cinema, a novela — para acabar rompendo, lentamente no início do processo e de maneira acelerada depois, as fronteiras entre uma e outra cultura. "Os livros são uma mercadoria, a Literatura não", ouve-se gritar as ordens platônicas, empenhadas ainda em separar corpo e alma.

Entendo que a pós-modernidade, como fluxo ou refluxo que ainda nos habita, tem a sua base, antigamente chamada de infraestrutura, na intensificação do mercado como vetor principal na modulação das relações sociais. O mercado tem sido, ao menos há dois séculos, um elemento relevante na vida social e cultural. O que é novo é o grau quase totalitário da sua hegemonia. Não se pode esquecer, algo que a esquerda costuma fazer,

---

129 Romero, Pedro G. *Las correspondencias*. Cáceres: Periférica, 2010.

que o mercado é uma instituição na qual se decantam e concretizam múltiplos ingredientes que vão muito além da mera lei da oferta e da procura. O mercado, além de um determinador de preços, é um produto de cultura e por ela é permeado. Disso, também convém não esquecer, algo que a direita e a social democracia costumam fazer, que ao mercado concorrem não apenas produtores e consumidores como também, e de maneira muito relevante, os produtores de necessidades. Uma atividade com enorme peso no setor de serviços das economias desenvolvidas. E acho que são precisamente as mudanças no sistema de produção de necessidades que caracterizam e tornam diferentes estes tempos pós-industriais.

Até datas bastante recentes no que tange à produção de necessidades culturais, no mercado, os produtores que chamaremos da oferta (lembrando que já mencionamos a passagem de uma cultura de procura para uma de oferta), competiam com outras instâncias na hora de criar necessidades, por exemplo, a Igreja, o Estado por meio dos diferentes níveis de ensino e, muito especialmente, a Universidade, a Crítica ou a Política (na Espanha ainda é possível recordar a existência de uma cultura e uma crítica de resistência antifranquista que chegou a ter enorme peso cultural). Ou, por exemplo, e tomo aqui uma reflexão do professor Alberro[130], a própria Literatura, já não apenas como instituição tão somente, mas como horizonte, digamos, de convivência.

Gostaria de poder ser otimista e apontar que essas instâncias, que a princípio poderiam atenuar ou modular a lógica capitalista do mercado, são ou poderiam ser, referenciais válidos, mas lamento dizer que, ao menos no que se refere ao mercado da cul-

---

130 Alberro, Alexander. *Crítica, dialéctica y utopia: Los lugares de la crítica*. Pamplona: Cátedra J. Oteiza, 2011.

tura literária na Espanha, minha opinião é muito negativa. Hoje, no mercado cultural, os únicos produtores de necessidades são aqueles produtores de bens de consumo que atuam seguindo o que marca a lógica do lucro em curto prazo.

Aquela longa onda que tentava conjugar Estética com responsabilidade semântica vê-se sobrepujada por um mar de mercadorias que tudo engole, deixando, isso sim, restos de naufrágio aos quais os nostálgicos de uma cultura da distinção agarram-se desesperadamente. "Um náufrago salvo pelos restos de um naufrágio anterior", escrevia Ungaretti[131]. A pós-modernidade como nota de uma nota de uma nota. *A rose is a rose is a rose*[132]. Bricolagem e intertextualidade com os restos do que a maré deposita nas praias. A carranca reutilizada como estátua nos jardins da seguradora marítima. O cadáver de um marinheiro viajando até alguma Bienal. O *corpore* insepulto da Arte. A Academia cobrando ingresso para participar do velório. A teoria literária desconstruindo necrologias: o necrologizador que me desnecrologize bom necrologizador será. A poesia colocando flores de intimidade sobre a tumba e uma ou outra cuspida intertextual. A narrativa, sempre tão rebelde, celebrando a sua "normalização" e colocando-se na fila dos prêmios literários, com um mistério em riste, um investigador na dança e umas gotas de metaliteratura para que a coisa toda cheire a cultura. Os criativos trabalhando nas agências de publicidade duvidando se o slogan correto é que a vanguarda é o mercado ou o mercado é a vanguarda. As pessoas

---

131 Giuseppe Ungaretti (1888-1970) foi um poeta italiano, autor de, entre outros, *Allegria di naufragi* (1919), *Sentimento del tempo* (1933) e *Vita di un uomo* (1969). (N. do E.)

132 O verso "*Rose is a rose is a rose is a rose*" é do poema "*Sacred Emily*", pertencente ao livro *Geography and Plays* (1922) da poeta americana Gertrude Stein (1874-1946). (N. do E.)

honestas descobrindo com assombro que o único ato no qual o pessoal ganha um sentido universal é o ato da compra, que, Lacan *dixit*[133], supõe uma forma barata e repetível de vencer a morte. Os museus apressando-se para vender relíquias porque descobrem angustiados que se não vendem algo — até Arte, se necessário for —, se transformam em espaços mortos: estive no MOMA e comprei uma camiseta. A universidade, anêmica, autista e endogâmica, tentando pateticamente conectar-se com o universal, embarcando nas modas que o imperialismo homologa e vendendo-se por um prato de lentilhas se lhe permitem sair na foto em alguma ocasião. A Real Academia da Língua transformando-se na Real Academia dos negócios com a Língua..

Os ideologemas pós-modernos, por causa da expansão acachapante do crédito, vão encharcando tudo no território cultural: todas as legitimidades são legítimas, o passado é um armário no qual se pode entrar de qualquer jeito, como nota de pé de página, como plágio e um pouco mais; pensar no futuro é cair no dogmatismo, o futuro dura um ano, o presente é um hipermercado e além do mais podemos entrar nele sem sair de casa. A cultura é o fugaz; internet é, afinal, a democracia; a precariedade é liberdade; o marketing é a poética de nosso tempo, ninguém tem o direito de falar em nome de outros e portanto o narrador em terceira pessoa é um narrador stalinista; viva a literatura do eu; o cânone real é a lista de livros mais vendidos; ter critério é uma forma de ressentimento, quanto mais sólido, sinal de maior ressentimento.

No meio tempo desta pós-modernidade a crítica tem adotado uma atitude de companheira de viagem do mercado, enquanto,

---

133 Em latim no original, "disse", da expressão *magister dixit*, isto é, o mestre falou. (N. do E.)

CONSTANTINO BÉRTOLO

confortavelmente instalada, assiste às circunstâncias históricas e culturais concretas nas que o mercado derruba os muros da famosa autonomia da literatura. Os críticos impressionistas, aqueles do gosto disso, não gosto daquilo, parecem estar agradecidos e impressionados porque via internet deixam-nos publicar e existir no hipermercado literário (chamá-lo campo, como faz Bourdieu parece exagerado) ao qual se integraram plenamente. O seu terror é que ocorra uma mudança de tendência que os pegue de calças curtas e, por isso, andam sempre pisando em ovos. Estão atentos a tudo o que soe a "literatura": a profundidade horizontal, personagens perdedores que não vão além do ceticismo, vida interior, a memória como dolorido sentir, metaliteratura ensimesmada, a nostalgia do futuro, o sexo como abismo, existencialismo barato...

A maioria das críticas literárias publicadas no país chamado Espanha, nas dezenas de revistas, suplementos de jornais e blogs no atacado são escritas por esse tipo de críticos que mesmo tento pouco peso na trajetória comercial de um livro contribuem com inegável relevância para a visibilidade ou invisibilidade de uma obra. Sua própria condição de impressionistas os obriga a ocupar-se de maneira sobressalente e previsível daqueles autores ou obras com as quais evitem o perigo de cometer um equívoco ou por em risco o pouco, muito ou médio lugar que ocupam dentro do cenário literário com seus medos, pompas e dotes. Tingidos pelos códigos jornalísticos dos suportes nos quais sobrevivem, ocupam-se do atual e colaboram desse modo para a redução e aceleração do tempo cultural: a literatura do ano passado já não é literatura, já não faz parte do sistema literário. A pós-modernidade que vê em qualquer espaço público uma ameaça totalitária parece também suspeitar da ideia do tempo como continuidade. Para haver projeto há de haver consciência do tempo e hoje assistimos não a uma segmentação do tempo mas a seu encolhimento. O tempo da pós-modernidade, o tempo em que nos alojamos, é hoje um tempo desportivo: curto prazo e repetitivo. A crítica interiorizou esse *timing* e responde servilmente a suas pressões. Fica, como um rastro de nostalgia, a referencia a obras anteriores, nem tanto para dar conta do percurso mas para celebrar a meta alcançada: o último, essa nova categoria estética que acaba por ser incluída dentro daquela já velha ideia do novo.

Mas seria injusto não apontar que ao lado dessa crítica impressionista, servil, outra crítica tenta se tornar presente como guardiã das essências. Uma crítica que pretende expulsar os mercadores do templo da beleza e da verdade utilizando, isso sim, o chicote que comprou desses mesmos mercadores. Uma crítica periférica na sua imensa maioria aos centros do sistema, mas que não deixa de olhá-lo e talvez desejá-lo, que funciona como eco imprescindível de retorno para um sistema literário que, à margem de sua vontade, legitima. Curvada sobre si mesma, assiste perplexa à ruptura das outrora claras fronteiras entre a alta e a baixa cultura, entre o *cult* e o *pop*, entre a ampliação do acesso à cultura e a massificação despersonificadora do consumo, e contempla impotente, embora por momentos zangada, o deslocamento acelerado do Sistema Literatura para a órbita das indústrias do Ócio e do Entretenimento, que vive como uma ameaça à sua posição social e cultural perante a qual reage com um movimento duplo de defesa: um deles, mais forte e característico, na linha apocalíptica — agarrar-se ao cânone, à Estética como Deus manda, ao jargão teórico mais novidadeiro e à Literatura como exigência espiritual e como distinção hierarquizada. O outro, vai na linha dos integrados: o cânone sim, mas é necessário atualizá-lo e se for preciso dar a Deus o que é de Deus atendamos também ao chamado desse César que é o mercado. Continuemos

CONSTANTINO BÉRTOLO

falando de Henry James, Juan Benet[134] e Borges, mas escutemos o que os *best-sellers* dizem. Ou seja, um claro movimento conservador com flertes para com o dilúvio que vem chegando, com o pretexto de separar as águas menores das maiores. Há, nessa crítica, aqueles que optaram por permanecer em suas cátedras, confiando em que as águas retornaram ao seu curso e outros que, arriscando o prestígio que nunca chegaram a ter, transmutam-se em ascetas de qualquer tendência que comece a fazer barulho e se oferecem no mercado como os críticos guarda-costas. Vão, isso sim, uns e outros, sentindo-se depositários e guardiões da Literatura, mas sem fechar os ouvidos para o canto das sereias de um mercado que exclui da realidade quem pretenda se manter à margem de sua marcha triunfal. A crítica que poderíamos entender como a melhor crítica é hoje uma guardiã esquizofrênica de uma casa com duas portas. E já sabemos que casa com duas portas é ruim de guardar, ainda mais quando a situação não permite saber qual é a porta principal e qual a entrada de serviço. E ainda mais quando você não deixa de ser um empregado do dono da casa que permite que você exerça seu papel conforme sua conveniência ou capricho. Pior ainda, quando o mercado editorial inventou os porteiros eletrônicos. E ainda mais quando o mercado derrubou todas as portas para que as mercadorias, incluindo aí as literárias, possam circular sem obstáculos nem censura. Visão catastrofista? Pode ser. Ausência de crítica? Não exatamente porque enquanto a crítica de cunho tradicional perde força ou se desgasta o certo é que o mercado constrói suas novas linguagens críticas nas quais a semântica, os textos críticos, estão destinados

---

134 Juan Benet Goitia (1927-1993) foi um escritor espanhol, considerado um dos mais influentes da segunda metade do século XX. Autor de, entre outras obras, *Una meditación* (1970), *En la penumbra* (1989) e *Você nunca chegará a nada* (1961). (N. do E.)

a ser os convidados de pedra. Agora a seleção é deixada nas mãos do marketing empresarial, que é quem cria a notícia cultural e a hierarquização foi deixada nas mãos do grafismo. Tomemos qualquer suplemento cultural e leiamos, quer dizer, olhemos: o tamanho da foto do autor como critério, o posicionamento em página par ou ímpar, na parte superior ou inferior, na horizontal ou vertical, em um quadro ou na página inteira, com foto ou sem foto, com ilustração ou sem ilustração. Essa é a nova linguagem do que se diz chamar crítica, exatamente a mesma linguagem da publicidade. A crítica, como já dissemos, funcionava, tradicionalmente, a partir de uma ausência: o texto perfeito que toda imperfeição carrega consigo. Essa ausência que atuava como uma ausência sacra: intangível, incomensurável e portanto onipresente. Mas a dessacralização que a total mercantilização da vida origina provoca, de modo consequente, a ausência da ausência. A pós-modernidade poderia assim resumir-se: o desaparecimento do desconhecido. O mundo tornou-se finito e como tal, resta somente fazer inventário, glosa, reconto.

O que fazer? É possível fazer algo mais do que roubar a casa do morto ou chorar sobre o seu cadáver? Claro que sim! Se não fosse assim, nenhuma responsabilidade poderia ser exigida. Deixemos de lamentar que a arte tenha passado desta para pior. Porém, deixemos que os mortos sejam enterrados e dividam entre eles os seus vermes. Estar livre de qualquer sacralidade deveria ser uma boa notícia. Se a arte está morta, obrigado aos assassinos. Se o "substrato suprassensível da natureza", como dizia Kant, acabou, ótimo. Acabou também aquela história de que as obras de arte "têm uma realidade mais elevada e uma existência mais verdadeira que a vida ordinária", como dizia Hegel? Maravilha. Assim talvez estejamos em melhores condições de atender as narrativas, os quadros, as estátuas, sem que o incenso nos obrigue a fechar os olhos. Narrativas, poemas, quadros ou estátuas continuam sendo o resultado de uma alta, esforçada e admirável capacidade humana e levam inscritas em si as claves do espaço social que lhes dá substância e significado.

Decifrar signos, sinais, desentranhar códigos continua sendo útil. A crítica, como o *hacker*, deveria nos ajudar a entrar no disco rígido do inimigo. Não só a entrar, porque com trabalho e firmeza, entrar talvez não seja o mais difícil, basta saber situar cada signo em seu gênero e determinar a sua diferença específica. O difícil é saber quem é o inimigo e não esquecê-lo. Precisamente, para não esquecê-lo, para lembrá-lo, para que nos seja lembrado, precisamos não ficar sozinhos, precisamos nos organizar. A partir de que lugar? O mais longe possível do inimigo.

SOBRE O AUTOR

Constantino Bértolo nasceu em Lugo, na Espanha, em 1946. É editor e crítico literário, formado em Filologia Hispânica pela Universidad Complutense de Madrid. Foi diretor editorial da editora Debate e é diretor literário da editora Caballo de Troya. Colaborou, como crítico, em vários órgãos de imprensa, como *El Urogallo*, *El País* e *El Independiente*. Um dos fundadores da Escuela de Letras de Madrid, onde foi professor, Bértolo também lecionou na Universidad Pompeu Fabra de Barcelona e na Universidad de Salamanca. Em 2009 recebeu o prêmio *Periodístico sobre Lectura* da Fundação Germán Sánchez Ruipérez. Escreveu *Libro de Huelgas, revueltas y revoluciones* (Editorial 451, 2009), *El Ojo crítico* (Ediciones B, 2009), *La cena de los notables* (Periférica, 2008) e *Cómo se lee un libro* (Alborada, 1987).

Este livro foi composto em Filosofia Regular
e impresso pela Gráfica Assahi em papel Pólen Soft
para a Livros da Matriz, em setembro de 2014.